Neue
Kleine Bibliothek 323

Fritz Bilz

Im Schatten des Doms zu Köln

Bausteine einer Gegengeschichte

PapyRossa Verlag

2., unveränderte Auflage 2023

Luxemburger Str. 202, 50937 Köln
Tel.: +49 (0) 221 – 44 85 45
Fax: +49 (0) 221 – 44 43 05
E-Mail: mail@papyrossa.de
Internet: www.papyrossa.de

Umschlag: Verlag, unter Verwendung eines
Fotos © by Timm | Adobe Stock [296554175]
Druck: Interpress

Die Deutsche Nationalbibliothek verzeichnet diese Publikation in der Deutschen Nationalbibliografie; detaillierte bibliografische Daten sind im Internet über http://dnb.d-nb.de abrufbar

ISBN 978-3-89438-798-3

Inhalt

Vorwort

Man mag es nicht glauben, aber dieses Buch ist eine Hymne auf den Dom. Denn wie alle Kölner freue ich mich jedes Mal, wenn ich aus einem längeren Urlaub zurück nach Köln komme und den Dom sehe. Das ist der erste Vorbote meiner Heimat.

Ob ich von Westen, also Aachen komme, wenn ich über den Frechener Berg fahre, ich sehe den Dom. Komme ich von Norden, aus Krefeld, sehe ich ab Dormagen den Dom. Von Süden, aus Frankfurt kommend, erblicke ich ab Rösrath den Dom und von Osten sehe ich ab Refrath den Dom. Jedes Mal freue ich mich. Der Dom wurde Tausende Male in Büchern geehrt, in Filmen gefeiert, in Bildern glorifiziert.

Aber bei aller Liebe für den Dom weiß ich auch, dass viel Schlimmes und Verbrecherisches im Schatten des Doms passiert ist. Dabei steht der Dom für mich auch stellvertretend für den Erzbischof von Köln.

Denn er wurde auf Geheiß des damaligen Erzbischofs Konrad von Hochstaden gebaut. Der war der Initiator, der erste Ideengeber für diesen Protzbau und der erste Finanzier. Auch wenn der Erzbischof heute dort nicht mehr das Sagen hat, sondern das Domkapitel. Für dieses Buch ist diese Differenzierung unerheblich. Denn über viele Jahrhunderte waren für die Welt der Dom und der Erzbischof eins. Darum ist dieses Buch teilweise auch ein polemisches Buch, das hier und da in überspitzter Form die negativen Seiten des Doms und seiner Herren – nie Damen – aufzeigt.

Eigentlich stände für mich als Rechtsrheinischem eher der Altenberger Dom als der »Kölner Dom« im Fokus. Die Idee habe ich von meinem Freund, dem Bildhauer Josef Höntgesberg, der leider im Jahr 2020 verstorben ist. Denn der Altenberger ist das tolerantere Gotteshaus, oder wie es in der Fachsprache heißt, eine Simultankirche. Auf Deutsch heißt das, dass sich hier die Katholen und die Protestanten die Kirche teilen. Beide sind gleichberechtigt bei der Nutzung des Doms. Sonntags gibt es zuerst einen katholischen und dann einen evangelischen Gottesdienst oder umgekehrt. Die rechtsrheinischen waren immer schon toleranter als die linksrheinischen Kölner. Denn als Köln die Juden rausschmiss, boten wir Rechtsrheinischen ihnen Asyl. Ähnlich war es, als die Protestanten aus Köln weggeekelt wurden. Wie selbstverständlich nahmen wir Rechtsrheinischen sie auf.

Das mit der Simultankirche hatte der preußische König, der ab 1842 den Weiterbau des Doms finanzierte – denn sonst wäre der Bau heute noch nicht fertig und mit dem ewigen Kran auf dem Nordturm immer noch das Wahrzeichen von Köln – eigentlich für den Dom auch vor. Jedenfalls sagte er das beim Domfest 1842 anlässlich des Weiterbaus. Aber die kölschen Katholiken wussten dies mit allen Tricks zu verhindern.

Der Dom als Protzbau, so war er auch ursprünglich geplant und so sah ihn auch der preußische König 1842. Heute sieht man ihn nicht mehr so, auch wenn die Kölner ihn gerne sehen und mit ihm auch im Ausland protzen.

Ein normaler Kölner besteigt den Dom sein Leben lang nicht. Wofür soll man sich das mit den 533 Stufen auch antun? Trotzdem waren schon viele Kölner oben. Immer wenn Besuch kommt und den entsprechenden Wunsch äußert, muss man sich das antun. Auf diese Art war ich schon dreimal oben. Freiwillig hätte ich mir diese Tortur nie angetan. Zum Glück gibt es ja in Deutz, also auf der »Schäl Sick«, seit einiger Zeit den Turm des Landschaftsverbandes. Da kann man mit dem Aufzug hochfahren und sieht mindestens genauso viel, besonders den Dom in seiner ganzen Schönheit.

Aber bei aller Wertschätzung des Kölner Doms, in seinem Schatten gab es viele Machtspiele, Durchstechereien und Verbrechen, ja: Sauereien. Das muss man ja, bei aller Liebe, mal sagen und niederschreiben dürfen.

Übrigens, für alles, was hier in 18 Episoden, die zugleich Bausteine einer Gegengeschichte sind, geschrieben wurde, kann der Nachweis erbracht werden. Nichts ist erfunden. Eine Literaturliste am Ende des Buches hilft bei der Quellensuche. Lesen und herausfinden muss man es schon selbst.

Episode 1

Manifest gegen die Heiden – der erste Kölner Dom

In Köln – von den Römern als Militärlager um die Zeitenwende angelegt – lebten stets Menschen verschiedener Religionen. Die germanischen wie die römischen Götter wurden angebetet. Auch die als Personal angesiedelten Germanen durften weiter zu ihren Göttern beten. Die römischen und germanischen Götter lebten unbehelligt nebeneinander. Manche von ihnen wurden sogar übernommen, so entsprach dem römischen Götterboten Merkur bei den Griechen Hermes und bei den Germanen Odin. Aus Thor wurde Herkules, aus der Freya der Germanen Isis. Das zeichnete die Mehrgötterreligionen aus, sie waren tolerant und ließen andere Götter zu.

Das sollte sich mit den Christen ändern. Für alle monotheistischen Religionen gilt: Sie sind intolerant, lassen keine anderen Götter zu, ob Judentum, ob Christentum oder Islam. Wie heißt es in den zehn Geboten: Du sollst keine anderen Götter neben mir haben. Damit fing das Elend an.

Zurück zu den Römern in Köln, die um die Zeitenwende auf einem Hügel an der Stelle, wo heute der Dom steht, einen römischen Tempel erbauen ließen. Er war wohl dem Gott Mercurius Augustus gewidmet und wurde friedlich von den Germanen und Römern genutzt. Manche Quellen ordnen den Tempel auch dem Mithraskult zu. Die Germanen wie die Römer bauten ihre Tempel oft auf Hügeln, denn so war man den Göttern näher.

Dann kam 313 das Toleranzedikt von Mailand durch Kaiser Konstantin, das den Christen freie Religionsausübung zusagte. Schwupps bauten die Christen 313/314 direkt neben dem Mercuriustempel eine Kirche, dreischiffig sowie zehnmal so groß und doppelt so hoch. Den Heiden werden wir schon zeigen, wie Religion geht. Schon damals zeigte sich der Größenwahn der neuen Religion. Das Christentum breitete sich immer mehr aus und wollte den Römergöttern durch starke bauliche Demonstrationen ihren heidnischen Tempeln gegenüber seine Überlegenheit demonstrieren. 355 gab es den ersten Hinweis auf diesen Versammlungsraum, der damals schon als »ältester Dom« bezeichnet wurde.

Als dann durch Kaiser Theodosius 380 das Christentum zur Staatsreligion erklärt wurde, nahmen das die Christen zum Anlass, überall im Römischen Reich die heidnischen Heiligtümer zu zerstören. Es gab von den Christen organisierte Volkserhebungen so z. B. gegen die Mithrasanhänger auch in Köln. Deren Mühen, weiter neben den Christen zu bestehen, waren erfolglos. Die Christen übernahmen von ihnen aber ihre Symbole, z. B. die Sonnensterne und die Ausrichtung der Kirchen gen Osten. Nichtchristen wurden nun gnadenlos verfolgt.

Wir lesen in der Zeit immer von den Christenverfolgungen, von den Verfolgungen nichtchristlicher Religionen durch die Christen hören und lesen wir wenig. Das Phänomen, das bis heute festzustellen ist, fand damals seinen Ursprung. All diese Verfolgungen geschahen mit tatkräftiger Unterstützung der Kölner »vom richtigen Glauben«.

Nun war auch der Mercuriustempel dran. Er wurde am Ende des 4. Jahrhunderts abgerissen. Auf dem Areal wurde eine noch größere christliche Kirche gebaut, es entstand der Merowingische Dom, noch größer, noch höher, noch pompöser. Immer mehr der sogenannten heidnischen Tempel und derer sichtbaren Zeugnisse wurden ausgemerzt.

Ende des 4. Jahrhunderts triumphierte im Römischen Reich

das Christentum über alle anderen Religionen, die entsprechend verboten wurden.

Im Jahr 520 besuchte der Bischof Clermont den Kölner Erzbischof und stellte fest, dass noch immer in einzelnen heidnischen Tempeln Opfer gebracht wurden. Eigenhändig legte er Feuer an diese Tempel, um sie endgültig zu zerstören.

Inzwischen hatten die Merowinger die Gegend um das Rheinland übernommen. Da sich die christliche Kirche weiterhin um ein gutes Einvernehmen mit den Herrschern bemühte – eine Eigenschaft, die die Kirche bis heute quer durch alle Herrschaftsformen einschließlich des Nationalsozialismus auszeichnet – sorgte sie dafür, dass ab Mitte des 6. Jahrhunderts die merowingischen Fürsten- und Königsgräber auf dem Domhügel neben der Bischofskirche angelegt wurden.

Auch der Merowingische Dom war dem Erzbischof nicht repräsentativ genug und so wurde der ursprüngliche Bau total verändert. Das Atrium wurde 565 abgebrochen und nach Westen ausgerichtet und die Kirche am östlichen Ende mit einem Chor versehen. Er wurde nun dem Apostel Petrus geweiht. Der westliche Chor – der geweihte Teil – blieb allein dem Klerus vorbehalten, nur im östlichen Teil durften auch die einfachen Gläubigen ihren Gottesdienst abhalten. Bei diesen baulichen Veränderungen blieb es jedoch nicht lange.

Als Bischof Hildebold 795 zum Erzbischof ernannt wurde, reichte ihm der Merowingische Dom nicht mehr aus. Er musste durch einen würdevolleren, seinem Status entsprechenden Bau ersetzt werden, nach dem Motto: besser, größer, höher. Der Hybris schienen keine Grenzen gesetzt zu werden. Von 794 bis 800 wurde unter Karl dem Großen noch der alte Dom kostbar mit »heiligen Metallen« ausgestattet. Trotzdem reichte dies dem Erzbischof noch nicht. So ließ er – trotz gerade erfolgter prunkvoller Neuausstattung – diesen alten Dom bald abreißen, eine zwei Meter hohe Aufschüttung anbringen und um 817 mit dem über 100 Meter langen

Neubau beginnen. Er sollte für immer das höchste Gebäude der Stadt Köln sein. Aber der Bau stand unter keinem guten Stern. Im Jahre 857 erlitt das prunkvoll ausgestattete Gebäude einen Blitzschlag und brannte bis auf die Grundmauern nieder. Ein Priester, ein Diakon und ein Laie fanden dabei den Tod. Unverzüglich begann man mit dem Neubau, den dann 870 der Erzbischof Willibert weihte. Man nannte ihn den Hildebold-Dom, da die ursprüngliche Idee von eben diesem schon 819 verstorbenen Erzbischof stammte. Später hat sich der Name Karolingischer Dom eingebürgert. Es war eine Säulenbasilika, die zwei halbrunde, hochgelegene Chorabschlüsse aufwies. Diese Basilikaform hatte drei Schiffe, das mittlere war höher als die beiden Seitenschiffe. An der Westseite gab es einen langgezogenen Innenhof, in der Kirche wurde ein großes Mosaik angebracht. Dieser Grundriss glich dem der damals berühmten Kirche des Klosters St. Gallen.

Wer aber nun glaubt, dass nun endlich Ruhe in die Protzsucht der Erzbischöfe eingekehrt wäre, der irrt gewaltig. Schon im Jahre 953 wurde dieser Dom auf eine fünfschiffige Anlage erweitert. Man baute einfach auf jeder Längsseite ein zusätzliches Kirchenschiff. Der Dom war somit vergleichbar mit dem ähnlich gebauten Petersdom in Rom und in seinen Ausmaßen ihm gleichgestellt. Darunter tat es der Erzbischof Bruno I., der Bruder von Kaiser Otto I., nicht. Er erkannte bald die geschäftstüchtige Idee des Reliquienkults und versuchte diese für seine Herrschaft und den Dom zu nutzen. So holte er Stab und Ketten des Apostels Paulus nach Köln und stellte sie im Dom aus. Erzbischof Bruno I. schaffte es, dass aus Köln das heilige Köln wurde.

Aber das war noch nicht das Ende des Größer, Weiter, Höher. Anlässlich der Ankunft der Gebeine der Heiligen Drei Könige im Jahre 1054 wurde der Dom nochmals renoviert. Er bekam nun zwei Türme, und den Querhausgiebel schmückte man mit goldenen Kugeln.

Episode 2

Die Kölner Erzbischöfe – *Wein, Weib und Gesang*

Wir beginnen diese Episode mit dem Verhältnis des Kölner Klerus zum weiblichen Geschlecht.

Früher war es gang und gäbe, dass christliche Priester verheiratet waren. Das Gleiche galt für die Bischöfe und Päpste. Erst Papst Gregor VII. (1073-1085) erzwang die Ehelosigkeit der Priester und den Zölibat. Er wollte um jeden Preis die Ehe bei den Geistlichen ausrotten. Aber wie erfolgreich war er bei den Erzbischöfen?

Nachdem der Erzbischofsstuhl anfangs auch einfachen Bauernsöhnen über den mühsamen Weg des Mönchweges offen war, blieb später – ab dem hohen Mittelalter – dieses hohe Amt nur den Adelssöhnen und Fürstennachkommen vorbehalten. Sie kannten das strenge Klosterleben nicht, sondern das angenehme mit *Wein, Weib und Gesang* gefüllte Leben. Von diesem wollten sie auch als Erzbischöfe nicht lassen. Das wurde akzeptiert. Aber sie erhielten deshalb nur die niederen Weihen, für die höheren christlichen Amtshandlungen gab es dafür die Weihbischöfe. Erst wenn die Libido nachließ, ließen sie sich auch die höheren Weihen verleihen und gelobten ab nun Keuschheit. Sie beschränkten sich zwar auf das Gelübde der Ehelosigkeit, ließen aber im Vollbesitz ihrer Lendenkräfte den Säften freien Lauf. Von diesen Sünden ließen sie sich von den Päpsten lossprechen, die das Keuschheitsgelübde auch nicht so ernst nahmen. So von Papst Johannes XXII., dem auf dem Konzil zu Konstanz ein körperlicher Umgang mit dreihundert

Nonnen nachgewiesen wurde, ganz zu schweigen von dem Umgang mit seiner Schwägerin.

Besonders im hohen Mittelalter und der frühen Neuzeit trieben es die Kölner Erzbischöfe toll.

Ob die frivolen mittelalterlichen Darstellungen im Chorgestühl aus dem 14. Jahrhundert, die oft alte Männer mit jungen Frauen zeigen, den hohen Herren zur Anregung, den Erzbischöfen als Anleitung dienten, ist leider nicht überliefert. Aber vorstellen könnte man sich das schon.

Graf Adolf II. (1363-1364) von Mark verliebte sich in die hübsche Gräfin Elfriede von Dassel und heiratete sie. Nach langem Drängen verzichtete er auf sein Bischofsamt.

Aber auch im 16. Jahrhundert machte die fleischliche Lust vor dem Erzbischofsstuhl nicht halt. Erzbischof Salentin von Isenburg (1567-1577) dankte ab, weil er unbedingt einen Erben in die Welt setzen wollte. Das ging, da er noch nicht zum Priester geweiht wurde. Sein Nachfolger, Gebhard II. Truchseß von Waldburg (1577-1583), der schon geweiht war, hielt sich eine Geliebte, mit der er sich abwechselnd in Poppelsdorf oder in Kaiserswerth traf. Als man das öffentlich machte, trat er 1582 zum Protestantismus über und ließ sich ein Jahr später mit Agnes von Mansfeld trauen. Er verkündete die Auflösung des Erzbistums und gestattete das Abhalten protestantischer Gottesdienste. Papst Gregor XIII. ließ ihn absetzen und exkommunizieren. Der Nachfolger wurde Ernst von Bayern (1583-1612), der reichhaltigen Sex mit bis zu zehn Mätressen betrieb.

Aber auch in den nächsten Jahrhunderten trieben es die Erzbischöfe weiter. Gebhard II., Ernst von Bayern, Ferdinand von Bayern, Maximilian Heinrich von Bayern und Clemens August von Bayern (1723-1761) waren über zwei Jahrhunderte handfeste Liebhaber. Unter ihnen herrschte der Geist, man gebe dem Glauben, was des Glaubens ist, und der Liebe, was der Liebe ist. Keiner von ihnen dachte daran, das eine dem anderen zu opfern. Dann verzichtete man eben auf die höheren Weihen. Die Liebe blieb auch nicht folgenlos – zumeist wurden Söhne geboren, deren Fortkommen gesichert war. Da ließen sich die hohen Herren nicht lumpen.

Neben den *Weibern* benötigten die Erzbischöfe und ihr Personal auch den *Wein*, um in Stimmung zu kommen. Den bekamen sie reichlich, durch die gottgefälligen Erbschaften zur Verkürzung der Fegefeuerzeit. Aber der Reihe nach.

Am Ende des 12. Jahrhunderts hatten die Kleriker um die Universität von Paris eine grandiose Idee. Auf einer Idee des römischen Bischofs Gregor des Großen (590-604) aufbauend, erfanden sie das Fegefeuer, lateinisch Purgatorium. Menschen, die nach kirchlicher Lehre gefehlt hatten, kamen nicht direkt in die Hölle, sondern in die Vorhölle, das Fegefeuer. Je nach Schwere der Sünden war dies länger oder kürzer. Und nun kommt die geniale Geschäftsidee der damaligen Kleriker: Man konnte die Zeit des Fegefeuers durch gottgefällige Gaben – sprich Schenkungen, Legate, Erbverfügungen zugunsten der Kirche – verkürzen. Je höher der Betrag, desto kürzer die Fegefeuerzeit.

Beim *Wein* ging der Schlamassel los: Die kirchliche Obrigkeit hatte sehr bald den Dreh raus, wie man an das Geld insbesondere der Vermögenden rankommen könne. Und das waren in Köln nun mal die Kaufleute. Man musste ihnen nur vermitteln, dass man durch Stiftungen, Schenkungen und Vermächtnisse sein Seelenheil nach dem Tod garantieren könnte. So wurden in den meisten Testamenten vermögender Kölner Gelder, Grundstücke, Renten, Häuser und Besitztümer an kirchliche Einrichtungen – Stifte des Erzbischofs, Pfarrkirchen und Bettelorden – vermacht. Dadurch bekamen die Kleriker auch in Köln immer mehr Besitz.

Zudem besaßen die kirchlichen Einrichtungen Immunität, das heißt, sie waren von Diensten, Lasten und Abgaben befreit. Auf gut Deutsch, sie brauchten für das Ganze keine Steuern zu bezahlen.

Nun kommen wir langsam zum *Wein*. Köln war im Mittelalter die führende Handelsstadt in Mitteleuropa. Hinzu kam, dass bis zum 15. Jahrhundert Wein Volksgetränk in Köln war, da das Trinkwasser sehr schlecht war. Hier gab es 400 Weinzapfstellen, sprich Weinkneipen.

Die Kölner erkannten schnell, dass man damit richtig gut Geld verdienen konnte. Ab 1250 wurde der Wein immer stärker besteuert, Akzise nannten sie das damals. Das hing auch mit dem seit 1259 in Köln geltenden Stapelrecht zusammen, das vorschrieb, dass alle Waren, die in Köln von den großen Schiffen auf die kleineren für den Oberen Rhein umgeladen wurden, erst drei Tage lang den Kölnern zum Kauf angeboten werden mussten. Haupthandelsgut war damals der Wein. Da 70 Prozent der Weinhändler im Rat saßen, bestimmten sie auch die Steuern. Die Weinsteuer galt inzwischen als Hauptquell der öffentlichen Einnahmen. Alle Arbeiter, die im Weinhandel tätig waren, wurden städtische Beamte.

Dazu gehörten die Weinmesser (sie stellten die angelandete Weinmenge fest), die Schiffsentlader, die Weinsteuermeister, die Weintransporteure, die Ausfuhrkontrolleure und das Personal zum Weinzapf. Und für all diese Tätigkeiten musste eine extra Steuer bezahlt werden. Beaufsichtigt wurde dies durch die Weinschule, eine städtische Kontrollbehörde mit dem Weinmeister an der Spitze.

Und jetzt kommen die kirchlichen Einrichtungen ins Spiel, denen immer mehr Weingüter, Weinberge, Weinfelder oder deren Erträge gestiftet wurden. Das wurde immer mehr und war so viel geworden, dass man die Mengen beim besten Willen nicht mehr selbst vertrinken konnten.

Also, was machten die findigen Kleriker? Sie begannen einen schwunghaften Weinhandel und machten in ihren Einrichtungen in Köln eine Weinkneipe nach der anderen auf. Da begann der Ärger. Da sie ja von allen Steuern befreit waren, brauchten sie für den Handel, den Transport, die Einfuhr, die Ausfuhr und den Ausschank keine einzige Steuer zu entrichten. Die Einnahmen des städtischen Weinhandels brachen drastisch ein.

Seit Beginn der Weinsteuereinführung gab es Zank zwischen den kirchlichen Einrichtungen und der Stadt, genauer zwischen Kirche und Bürgerschaft. 53 Mal beschwerte sich der Erzbischof, 21 Mal die Stadt. Der Bürgermeister war einfach in die kirchliche Weinschenke gegangen und schüttete den dort verkauften Wein aus. Bei Einigungsverhandlungen mit Albertus Magnus wurde 1258 ein Kompromiss erzielt. Die Kirchen versprachen, in ihren Einrichtungen keinen Wein mehr zu verkaufen, und der Bürgermeister sagte zu, nicht mehr in deren Einrichtungen einzudringen. Das hielt nur ein paar Jahre. Wieder wurde verhandelt. Nun hielt die Einigung 20 Jahre bis 1297. Wiederum wurde dagegen verstoßen, diesmal im Stift von St. Georg. Der Abt wurde verdonnert, »op bläcke Fööß«, also barfuß, zum Rathaus zu gehen und bei allen Oberen der Stadt Köln um Verzeihung zu bitten.

Trotzdem hielten sich viele kirchliche Einrichtungen Kölns nicht daran. Zu verlockend war der unversteuerte Profit beim Weinzapf. Er wurde per Gesetz verboten, der Klerus hielt sich nicht dran. Dem Kölner Stadtrat platzte 1369 der Kragen. Er verfügte, dass nun auch die kirchlichen Einrichtungen Weinsteuer zu zahlen hatten. Als diese sich verweigerten, drangen die zwei Bürgermeister 1369 mit mehreren Knechten in kirchliche Weinkneipen ein und schlugen deren Weinflaschen kurz und klein. Das ging als Kölner »Flaschenkrieg« in die Geschichte ein. Erst 1390 gab es unter Einschaltung des Papstes eine vorläufige Einigung. Dem Klerus wurde es gestattet, den in Köln angebauten Wein zu verzapfen, den »sauren Hungk«. Aber sie durften keine Werbung dafür machen. Wein von außerhalb musste an die Kölner verkauft werden. Oder sie soffen den guten Tropfen selbst. Trotzdem erbte der Klerus weiter Weinberge, ganze Ernten und volle Fässer.

Das Ganze ebbte erst ab, als Luther die Ablösezahlungen und Ablässe für die Verkürzungen der Fegefeuerzeit als Humbug darstellte. Die Spenden brachen nun drastisch ein. Erst dann war endlich Ruhe an der Weinsteuerfront.

Nun fehlt noch der *Gesang*.

Viele Lieder handeln von der Affinität des Klerus zum Wein, aber auch zu den Frauen. Sie entstanden im späten Mittelalter und der frühen Neuzeit. Es gibt zwar kein spezielles Lied, das den Kölner Klerus oder sogar den Erzbischof besingt, aber es ist davon auszugehen, dass diese Spottlieder auch in Köln gesungen wurden. Aus den vielen Liedern sollen drei beispielhaft das Treiben des Klerus aufzeigen:

»Es wollt ein Bauer früh aufstehn« thematisiert, dass ein Bauer, als er vom Felde kam, den Pfaffen mit seiner Frau im Bett vorfand. Als der Bauer ihn dann jagte und mit dem Holzscheit bearbeitete, hielt der seinen Allerwertesten zum Fenster hinaus. Die vorbeikommenden Menschen dachten, es sei der Morgenstern.

Ein weiteres Lied, »Mönch und Nonne«, erzählt darüber, wie ein Mönch eine gläubige Nonne mit den lasziven Vorstellungen seiner Extremitäten verführt.

Als letztes Beispiel wird das Lied »Der Karmeliter« angeführt. In dieser Moritat wird die Verführung eines jungen Mädchens durch den Karmeliterpater Gabriel im Beichtstuhl sehr drastisch beschrieben. Noch im 19. Jahrhundert verteidigte der Kapuzinerpater Achazius aus Düren das Vorgehen des Karmeliterpaters.

Unzählige Lieder gibt es auch über Alkoholexzesse von Kirchenmännern.

Wein, Weib und Gesang war für die Erzbischöfe wie auch die anderen Kleriker wahrlich kein Fremdwort.

Episode 3

Das Anno-Loch

Mit Erzbischof Bruno beginnt (953-965) die Kölner Stadtherrschaft und damit die Doppelrolle des Kirchenherrn: weltlicher und kirchlicher Fürst in Köln. Das bekam den Kölnern oft nicht gut.

Anno der II. (1056-1075) war einer der verhasstesten Landesherren in Köln. Aber auch seine Vorgänger waren nicht zimperlich in ihrer Machterlangung und -ausübung. Das galt insbesondere, wenn es um die Nachfolgeregelung eines verstorbenen oder angeblich verschiedenen Kölner Erzbischofs ging. Es ist mindestens für zwei Fälle überliefert, dass der geschlossene Sarg eines wohl scheintoten Erzbischofs von seinem designierten Nachfolger nicht mehr geöffnet wurde, obwohl laute Schreie daraus zu hören waren. So war das bei Erzbischof Gero (969-976) und Warin (976-983), bei denen die Nachfolger verhinderten, dass die Särge geöffnet wurden.

Die durch wachsenden Reichtum auch mehr Selbstbewusstsein erlangenden Kölner Kaufleute empfanden die absolute Herrschaft der Erzbischöfe immer mehr als Zumutung, da sie als wohlhabende Bürger keine Mitbestimmungsrechte hatten und nur Befehlsempfänger der Erzbischöfe und ihrer Ministerialen waren.

Das eskalierte 1074 zum ersten Mal so richtig, als Anno II. (1056-1075) Erzbischof von Köln war. Dieser Herrscher war äußerst machtbewusst und gewalttätig. Das zeigte sich schon kurz nach seinem Machtantritt 1062, als er den erst 12-jährigen König

Heinrich IV. entführte und nach Köln brachte. Anno passte es nicht, dass die Mutter des Königs, Agnes von Poitou, über ihren Sohn die Herrschaft im Reich hatte. Eine Frau, wo gab es denn sowas?!

Nun war Anno II. der mächtigste Mann im Reich. Er war fast Alleinherrscher, weil er dem minderjährigen König seine Vorstellungen von Macht aufzwang. Heinrich IV. hasste ihn dafür abgrundtief.

Als dieser 1065 anlässlich seiner Volljährigkeit das Schwert als Zeichen der Macht erhielt, wollte er sofort seinen Vormund Anno umbringen. Nur mit Mühe konnte Anno vor dem Tod oder schweren Verwundungen geschützt werden. Zeitlebens bestand die Abscheu Heinrichs gegenüber dem Erzbischof fort.

Auch in Köln, das damals rund 20.000 Einwohner hatte, setzte Anno seine brutale Herrschaft um. Er war in der Stadt wegen seiner Rücksichtslosigkeit verhasst. Eines Nachts wurde er sogar verprügelt, als er zur Kirche ging. Wer das war, kam nie heraus.

Es brauchte nur einen Anlass, damit die Spannung sich entlud.

Der bot sich an Ostern 1074, genauer: am 20. April des Jahres. Anno hatte den Bischof von Münster zu Gast. Um diesem eine bequeme Heimreise zu ermöglichen, aber auch, um ihm seine Macht zu zeigen, ließ er das voll beladene Schiff eines reichen Kölner Kaufmanns beschlagnahmen. Als des Erzbischofs Leute begannen, die Ladung über Bord zu schmeißen und den erzbischöflichen Wimpel setzten, wehrte sich der Sohn des Kaufmanns. In Windeseile organisierte er mit Hilfe zusammenströmender Bürger und weiterer Kaufmannssöhne den Widerstand. Die Knechte des Erzbischofs und sein Verwalter, der Vogt, wurden zuerst verprügelt, dann vertrieben. Die ganze Stadt war in Erregung gegen den verhassten Erzbischof. Jetzt hatte er es zu weit getrieben. Eine wütende Menge zog zu seinem Palast. Steine flogen gegen und durch die Fenster. Der Palast wurde gestürmt. Man staunte nicht schlecht, in welchem Prunk der Erzbischof residierte.

Nur mit Mühe konnte sich Anno in den Dom flüchten. Doch auch dieser wurde von der Menge belagert und drohte gestürmt zu werden. Der Erzbischof floh durch den Schlafsaal des Domstifts. Man kann nur hoffen, dass es kein Nonnenschlafsaal war. Oder waren die Nonnen solchen männlichen Besuch gewöhnt? Man weiß es nicht. Aber auch der war vor der wütenden Menge nicht sicher.

Vorsorglich hatte Anno schon vor Jahren einen Fluchtgraben im Hause eines Kanonikers an der nördlichen Seite der Römermauer anlegen lassen. Wahrscheinlich ahnte der Erzbischof schon damals, dass es ihm irgendwann an den Kragen gehen würde. Da war solch eine Fluchtversicherung Gold wert. Dorthin floh er nun, um aus Köln zu kommen. Ein bereitgestelltes Pferd brachte ihn direkt nach Neuss.

Er schwor Rache.

Die Kölner, die dies ahnten, sandten einige Boten zu König Heinrich IV., der Anno immer noch hasste. Doch gegen den mächtigen Erzbischof und seine Verbündeten war er zu schwach.

Nur vier Tage später kam Anno mit einer großen Streitmacht zurück. Wegen der großen Übermacht wagten die Kölner keinen Widerstand. 600 der reichsten Bürger flohen aus der Stadt zum König, um ihn um Hilfe zu bitten, vergebens.

Alle Kaufleute, die nicht geflohen waren, kamen »op bläcke Fööß« und in Büßerhemden zum erzbischöflichen Palast. Auch das war vergebens. Dem Sohn des Kaufmanns und seinen Helfern wurden die Augen ausgestochen, die Mittäter wurden öffentlich ausgepeitscht. Deren Vermögen wurden eingezogen. Das vergaben die Kölner dem Erzbischof nie.

Das Loch in der alten Römermauer als Teil des erzbischöflichen Fluchtweges ist noch heute in der Tiefgarage unter dem Dom zu besichtigen. Seit Jahrhunderten heißt es das »Anno-Loch«.

Als der Namensgeber 1075 starb, ging ein Aufatmen durch die Stadt. Noch schlimmer konnte sein Nachfolger nicht werden.

Der Hass auf den Erzbischof wurde immer stärker. Die Bürger vergaßen die ihnen angetane Schmach nie.

Nun stellten sie es klüger an. Sie nahmen Kontakt mit dem König auf und schmiedeten ein Bündnis gegen den Erzbischof. Sie ließen sich vom König mit immer mehr Rechten ausstatten.

Immerhin dauerte es noch rund 200 Jahre, bis die Kölner 1288 endgültig den Erzbischof aus der Stadt jagten. Er musste sich nun in Bonn ein neues Palais bauen. Nur mit Genehmigung der Kölner Bürgerschaft durfte er in Zukunft die Stadt betreten.

Episode 4

Die Heiligen Drei Könige – durch Knochenklau zum Pilgerziel

Wie heißt es doch im Matthäus Evangelium, Kapitel 2 Vers 1 und 11: »... dann kamen die Weisen vom Morgenland gen Jerusalem ... und taten ihre Schätze auf, und schenkten ihm Gold, Weihrauch und Myrrhe.«

Von wegen, da kamen die Heiligen Drei Könige: Weder waren es Könige, noch drei und noch weniger waren sie heilig. Das sind sie übrigens bis heute nicht. Und: in der Bibel gibt es auch keine Namen für die Könige, keine Altersangabe, keine Hautfarbe, keine Hirten, keine Herden und keine Engel. All das wurde erfunden, so nach und nach ab dem 5. Jahrhundert hinzugedichtet. In früheren Darstellungen gab es sogar zwei bis zwölf Könige, bis man sich auf drei geeinigt hatte, offenkundig wegen der Anzahl der Geschenke.

Und auch bei den Namen war man sich lange nicht einig. Zuerst hatte man Bithsara, Melchior und Gathaspa. Das war zu kompliziert. Also änderte man das auf Galgat, Magalat und Sacharin, bis sich im 9. Jahrhundert Kaspar, Melchior und Balthasar durchsetzte.

Die Knochen dieser erfundenen Könige liegen jetzt im Dreikönigsschrein im Kölner Dom. Wer's glaubt, wird selig. Das stimmt nach katholischer Lehre tatsächlich, jedenfalls jahrhundertelang, vom Mittelalter bis in die Neuzeit.

Aber woher stammen nun diese Knochen?

Helena (257-336), die Mutter des römischen Kaisers Konstantin I. (280-337), hatte Anfang des 4. Jahrhunderts auf einer Reise nach Palmyra, heute Syrien, auf einem Feld mit Hunderten Gräbern willkürlich drei davon geöffnet. Dort hatte sie die Gebeine gefunden, die sie flugs zu den »Weisen des Morgenlandes« erklärte. Bis heute kann man dort weitere Gräber finden mit Knochen, die in Stoffe gewickelt sind, deren Muster und Zusammensetzung identisch mit denen sind, die bei uns im Kölner Dom liegen. Das haben archäologische Untersuchungen zweifelsfrei festgestellt. Vielleicht hat Helena sogar die Falschen mitgenommen? Wer weiß das schon?

Die Gebeine kamen zuerst nach Konstantinopel, dem heutigen Istanbul, später das Zentrum des Oströmischen Reiches. Schon in Konstantinopel wurde die Mär von den »Weisen des Morgenlandes« in alle Richtungen getragen.

Der Sohn von Konstantin I. schenkte diese Gebeine dann dem Mailänder Erzbischof Eustorgius. Eine andere Quelle besagt, sie seien von dort gewaltsam nach Mailand verschleppt worden. Nur nebenbei: »Eustorgius« ist griechisch und heißt »der gute Liebhaber«. Sieh mal an, schon damals waren die Erzbischöfe für so etwas bekannt.

Dort gerieten sie fast 700 Jahre in Vergessenheit, bis der Hype mit den Reliquien begann. Um die Wende vom ersten zum zweiten Jahrtausend begann die Reliquienverehrung als eine Äußerung der Volksfrömmigkeit immer mehr um sich zu greifen. Ganz von selbst entsteht so etwas ja nicht. Da muss es interessierte Kreise des Klerus gegeben haben, die diese Idee ins Volk getragen hatten.

Diese Verehrung galt insbesondere für die Reliquien von Märtyrern und Heiligen, denen man eine besondere Nähe zu Gott beschied. Ihre Fürbitten halfen den Gläubigen selbst näher an Gott zu kommen. Deshalb wurden vor Ort gefundene Märtyrergräber wichtig für das Seelenheil der dort ansässigen oder dorthin pilgernden Menschen. Oft genügten nur Bruchstücke von Märtyrern oder deren Bekleidungen, die in einer Kirche bisweilen einer anderen Stadt gezeigt wurden, um die gleiche segensreiche Wirkung zu erzielen. Von weit her kamen die Menschen, um an der Reliquie Fürbitte im Himmel zu erbitten.

Schon Mitte des 10. Jahrhunderts bemächtigte sich der Kölner Erzbischof Bruno I. (953-965) der berühmten Reliquien des Petrus – Stab und Ketten –, die er aus Italien raubte und nach Köln verschleppte. Angeblich soll der Apostel Petrus mit den Ketten in einem römischen Kerker gefesselt worden sein. Für diese Reliquie war Bruno der Hildebold-Dom in seiner Dreischiffigkeit zu mickrig. Deshalb wurde er – wie der Petersdom zu Rom – zu einer fünfschiffigen Basilika umgebaut, in der zu Anfang auch die Gebeine der Heiligen Drei Könige untergebracht waren.

Die Städte profitierten von den Reliquien, denn Massen von Pilgern reisten zu diesen Orten und ließen viel Geld in den Herbergen und Kneipen. So begann auch der Tourismus in Köln.

Rainald, Grafensohn aus Dassel bei Einbeck, war besonders brutal in der Durchsetzung des Reliquienklaus. Seit 1156 war er Reichskanzler, er war auch, heute würde man sagen: Kriegsminister, denn er führte viele Feldzüge seines Herrn, Kaiser Friedrich I., durch.

Auf ausdrücklichen Wunsch des Kaisers wurde Rainald gegen den Willen der Kölner zum Erzbischof gewählt (1159-1167). Er war ein tatkräftiger, sinnenfroher und verschlagener Machtmensch. Gleichzeit war er Erzkanzler von Italien. Letzterem Amt opferte er viel mehr Zeit als dem Erzbistum Köln. In seiner Amtszeit – immerhin acht Jahre – war er insgesamt weniger als zwölf Monate in Köln. Die meiste Zeit war er als Kriegsherr des Kaisers unterwegs und kämpfte dabei insbesondere in Italien gegen das Papsttum und die Lombardei.

In seiner Eigenschaft als Feldherr half er Kaiser Friedrich bei seinem Italienfeldzug, um die rebellischen Städte der Lombardei niederzuringen. Nach über einjähriger Belagerung eroberte Friedrich mit Hilfe der Truppen von Rainald 1162 die Stadt Mailand und machte sie dem Erdboden gleich. In den noch rauchenden Trümmern der kleinen Kapelle des Heiligen Eustorgius fanden sie die sterblichen Überreste der inzwischen dazu mutierten Heiligen Drei Könige. Neben diesen Gebeinen ließ Rainald von Dassel aus dem zerstörten Mailand auch noch weitere Knochen als Kriegsbeute mitgehen: die Gebeine der Märtyrer Nabor und Felix.

Auf verschlungenen Wegen verschleppte er die Kriegsbeute nach Köln. Da er Angst vor Überfällen hatte – auf die Reliquien waren viele scharf, u. a. auch der Papst – nahm er einen Umweg durch Burgund und Frankreich, bevor er nach zweijähriger Reise Köln erreichte. Der Papst selbst merkte, dass dies kostbare Reliquien waren, und so forderte er den Erzbischof von Reims auf, sie dem Kölner Kollegen unterwegs wieder abzujagen. Aber das schlug – zum Vorteil von Köln – fehl. Papst Alexander nahm dies dem Kölner Erzbischof übel. Dieser wurde deshalb von ihm bis zu seinem Tod 1167 gebannt und nicht davon erlöst. Das heißt, er war exkommuniziert. Kommt man dann trotzdem in den Himmel oder musste Rainald im Fegefeuer schmoren?

Mit großem Jubel und Glockengeläut empfingen die Kölner am 23. Juli 1164 den Erzbischof Rainald von Dassel. Mit so viel Pomp ist noch nie ein Ladendieb in Köln empfangen worden, wie der Kabarettist Jürgen Becker konstatierte. Der Einzug geschah durch das Afrator in der Nähe des Frankenturms. Dort wurde Jahrhunderte später das »Dreikünningepöözje« errichtet, das man heute noch neben der Kirche Maria im Kapitol besichtigen kann.

Die Gebeine wurden vorerst in der Bischofskirche, dem Hildebold-Dom – auch Karolingischer Dom genannt – untergebracht. Sie waren indes unvollständig, denn Rainald schenkte unterwegs der Domkirche zu Hildesheim, wo er früher Probst gewesen war, drei Finger dieser Reliquien.

Durch dieses Raubgut wurde Köln zu einem der bedeutendsten Wallfahrtsorte. Die Knochen wurden zu Spitzenreliquien in der gesamten europäischen Heilsverehrung. Wer nun in den Himmel wollte, musste unbedingt nach Köln kommen.

In den Jahren 1180 bis 1230 wurde vom renommierten Goldschmied Nikolaus von Verdun der prunkvolle Dreikönigsschrein geschaffen. Er ist in der Form einer Basilika angelegt und rund sechs Zentner schwer. Auf der Vorderseite des goldenen Schreins sind vier Könige abgebildet. Trotzdem muss die Geschichte der Heiligen Drei Könige nicht umgeschrieben werden. Der vierte neben den Heiligen Dreien ist Kaiser Otto IV. Das hängt damit zusammen, dass er das Gold und die Edelsteine für die Stirnseite gespendet hatte und als Stifter mit abgebildet werden wollte. Auch damals galt schon: Wer bezahlt, bestellt die Musik!

Durch diesen Schrein stieg Köln in die oberste Liga der Wallfahrtsorte auf neben Jerusalem, Rom und Santiago de Compostela. Dabei wurde den Pilgern in Köln richtig Geld abgeknöpft, ob das bei der Beherbergung, beim Essen oder den zahlreichen Souvenirläden war. Die Köln besuchenden Pilger konnten Dreikönigszettel – so etwas wie ein Ablass – Dreikönigsmünzen und Dreikönigsmedaillen gegen viel Geld kaufen. Der Klerus streute die Information, dass diese Devotionalien heilende Wirkung hätten. Das war wie bei den Naturreligionen die Rückkehr des Fetischglaubens.

Auch die neu gewählten deutschen Kaiser zogen nach Köln, nachdem sie in Aachen gekrönt worden waren. All dies war den Kölnern so wichtig, dass sie danach sogar drei Kronen ins Wappen aufnahmen.

Da der alte Karolingische Dom dem Erzbischof Konrad von Hochstaden für den Dreikönigsschrein zu popelig war – der machte doch gegenüber anderen europäischen Kathedralen nichts her –, beschloss er kurzerhand einen Neubau. Aber der alte musste vorher weg. So ließ Konrad kurzerhand am Tag vor der Walpurgisnacht, dem 30. April 1248, den alten Dom abfackeln, um Platz für einen neuen, noch bombastischeren und für Europa einmaligen Dom zu bekommen. Man wollte zwar Teile des alten Doms weiterverwenden, aber die Flammen schlugen so hoch, ein kräftiger Ostwind blies derart ins Feuer, dass man es nicht mehr unter Kontrolle bekam. Schnell musste man noch die Gebeine vor den Flammen retten, bevor der alte Dom bis auf die Grundmauern niederbrannte. Vielleicht sind deshalb die elf Flammen im Kölner Wappen, die das Abfackeln des Karolingischen Doms signalisieren?

Als der Westteil des Doms fertig war, kamen dorthin die Gebeine der Heiligen Drei Könige. Das gefiel aber manchen Kölnern nicht, also verlegte man sie 1322 in den Ostteil, also den Ostchor, wo sie bis heute liegen.

Episode 5

Judenpogrome in Köln

Der Ursprung des Judenhasses bei den Christen, der schon im ersten Jahrhundert nach Christus entstand und zu den furchtbaren Pogromen führte, war die Auslegung des Neuen Testaments. Dadurch wurden die Juden als »Gottesmördervolk« bezeichnet, und diese Interpretation wurde schon damals in den Schriften der Christen verankert. Sie wurde im späten Altertum, im Mittelalter bis in die Neuzeit Lehrmeinung der christlichen Kirche.

Judenverfolgungen wurden schon in den ersten beiden Jahrhunderten im Mittelmeerraum dokumentiert. Vom dritten bis fünften Jahrhundert erschienen antijüdische Kampfschriften der Kirchenväter, die das Ganze untermauerten. Schon im 5. Jahrhundert ließ Bischof Cyrillus von Alexandrien die Synagogen niederbrennen und hetzte den Pöbel auf, die Juden niederzusäbeln. So verlor die Stadt 40.000 ihrer fleißigsten Bürger.

In dieser Zeit, im Jahre 321, ist die erste Judengemeinde in Köln dokumentiert. Kaiser Konstantin erlaubte in dem Jahr die Berufung von Juden in den Kölner Stadtrat. Aber dies geschah schon vor dem Hintergrund des in der christlichen Lehre verankerten Antijudaismus.

Im 7. Jahrhundert wurde im Reich der Westgoten (Spanien) sogar schon die Zwangstaufe der Juden angeordnet. Auch in Mitteleuropa gab es in der Merowingerzeit (5. bis 7. Jahrhundert) in der fränkischen Gesellschaft Zwangstaufen von Juden, aber keine Judenverfolgungen.

Im 9. Jahrhundert entstanden die ersten antijüdischen Kampfschriften im Karolingerreich. Es flammten wieder Beschuldigungen auf, die Juden seien das »gottesmörderische« Volk. Der Judenhass griff nun immer mehr um sich.

Heinrich II. sorgte im 11. Jahrhundert für die Zwangsbekehrung im Rheinland. Auf diesem Hintergrund entstand in der Bevölkerung ein Judenhass, der nur einen Anlass zum Ausbruch suchte. Als die Türken/Seldschuken 1070 Jerusalem eroberten, wurde dies den Juden in die Schuhe geschoben. Aus Frankreich kam dann eine Welle von Antijudaismus auch ins Rheinland und nach Köln. Eine erste europäische Kreuzfahrerbewegung entstand gegen Ende des 11. Jahrhunderts, aufgestachelt durch den Papst mit dem Aufruf, Jerusalem von den Nichtchristen zu befreien. Die Kreuzzüge griffen den herrschenden religiösen Antijudaismus auf und verstärkten ihn. Aus der Idee wurde materielle Gewalt.

In Köln sagte 1096 der Erzbischof zu, gegen Bezahlung – heute würde man sagen: gegen Schutzgeld – die Juden vor den Kreuzzugshorden zu verteidigen. Zweihundert Juden verteilte er auf sieben Orte rund um Köln auf seinen Besitzungen.

Die Horden – später als erster Kreuzzug bezeichnet – kamen aus Frankreich über den Oberrhein am 30. Mai 1096 nach Köln. Bis zum 1. Juni richteten sie hier ein Massaker an. Sie drangen ins Judenviertel, das um das Rathaus angesiedelt war, brachen die Türen auf und plünderten die Häuser. Dann stürmten die aufgehetzten Massen – Kölner waren auch dabei, es gab ja was zu holen – die Synagoge, zerstörten, zerrissen und verbrannten die Thora und nahmen alles mit, was nicht niet- und nagelfest war. Fast alle jüdischen Häuser wurden zerstört. Viele Juden, die nicht geflüchtet waren, wurden hingeschlachtet. Die einzige Möglichkeit, dem zu entkommen, war, sich durch Zwangstaufe den Grausamkeiten zu entziehen. Die zweihundert geflohenen Juden wurden aufgestöbert und auch umgebracht. Die nach Neuss geflohenen Juden wurden getötet und ihre Leichen mit Hilfe zahlreicher Neusser Christen durch den Schmutz geschleift. Die erzbischöflichen Truppen zeigten – trotz Schutzgeldzahlung – keine Gegenwehr.

Ein weiteres Judenpogrom drohte im September 1146 in Köln. Diese zweite Kreuzzugsbewegung entstand in der Zeit von 1146 bis 1149. Unter Führung der deutschen und französischen Herrscher zogen die Heere Richtung Deutschland. Auch in Köln wurde wieder Hetze gegen die Juden getrieben. Der Kölner Mönch Rudolf hetzte in öffentlichen Reden gegen die Juden und forderte deren Verfolgung. Erste Pogrome fanden im Rheinland statt. Die Kölner Juden brachten durch ein großes Geldgeschenk den Erzbischof Arnold I. dazu, ihnen die Festung Wolkenburg als sicheren Zufluchtsort zur Verfügung zu stellen. Dies war damals das stärkste Festungswerk in Lothringen. Nur so konnten sie diesmal überleben.

1225 wurde durch das IV. Laterankonzil bestimmt, dass die Juden ein besonderes Kennzeichen zum Schutz des christlichen Glaubens tragen mussten, den spitzen Judenhut.

Ab dem Jahre 1300 zahlten die Juden jährlich einen hohen Betrag – also Schutzgeld – an den Erzbischof, damit sie vor Verfolgung geschützt blieben. Da sich die Stadt inzwischen immer mehr vom Erzbischof emanzipiert hatte, ließen sich auch die Stadtherren von den Juden Schutzgeld bezahlen.

Aber das nützte nichts, denn die Judenverfolgung war noch nicht zu Ende.

Die Folgen der Pest, aber auch von Missernten, Teuerungen und Erdbeben versuchte man wiederum, den Juden in die Schuhe zu schieben. In den 1340er Jahren wurden in ganz Europa Pogrome gegen die Juden angezettelt. Auch in Köln griff der Mob die Juden an. In der Bartholomäusnacht vom 23. auf den 24. August 1349 kam es zu Volksaufläufen. Die Massen bewegten sich in Richtung Judenviertel. Das Quartier wurde vollkommen abgefackelt. Viele Jüdinnen und Juden wurden erschlagen. Zeitzeugen berichten: »Die Bewohner, die sich aus den Flammen zu retten versuchen, werden zu Tode getreten, Frauen an den Haaren auf die Straße gezerrt, wo sie mit Steinen und Stangen erschlagen werden. Die Köpfe der Kinder werden aufgespießt oder ihre Köpfe so lange an die Mauern geschlagen, bis sie tot sind,« so hat es der Historiker Carl Dietmar herausgefunden. All diese Täter waren christliche Kölner Bürger. Tatenlos sahen Rat und Erzbischof zu, wie Juden ermordet, geplündert und gebrandschatzt wurden. Stattdessen gab es Beschwerden des Rates darüber, dass sich die Räuberbanden vieler Güter bemächtigt hatten, die eigentlich dem Fiskus gehörten. Unglücklicherweise – so der Kölner Rat – waren dabei auch Teile des Rathauses in Brand geraten. Etwas mehr Sorgfalt bei der Brandstiftung wäre schon angemessen gewesen. Insgesamt profitierten die Kölner von dem Pogrom. Schuldscheine, die in jüdischem Besitz waren, verbrannten. Insbesondere wohlhabende Kölner Kaufmannsfamilien profitierten von dem Massaker. Statt zu helfen, stritten sich Kirche und Stadt noch monatelang um die jüdische Hinterlassenschaft.

Diese Pogromwelle 1348/49 wies die größte Zahl an Opfern in Europa bis zur Vernichtung der Juden unter der Naziherrschaft auf. Durch die Vorkommnisse der Bartholomäusnacht war die ganze jüdische Gemeinde in Köln ausgelöscht.

Erst 1372 durften sich in Köln wieder Juden ansiedeln. Sie wurden immer nur für zehn Jahre gegen hohe Bezahlung in Köln geduldet. Diese Regelung wurde nun in der Sitzung am 16. August 1423 nicht mehr verlängert. Begründet wurde dies gegenüber dem König Sigismund mit deren angeblicher Brunnenvergiftung. Es hätten Juden Bekehrungsversuche an Christen unternommen; sie stünden mit Ungläubigen, den Hussiten in Böhmen, in Verbindung, und man machte ihnen den Vorwurf, dass sich ihr Zinswucher schädlich auf die Stadt auswirke. Außerdem wurde angemerkt, dass die Anwesenheit von Juden in Köln Zwietracht zwischen Erzbischof und der Stadt säe.

Im Herbst 1424 wurden die Juden »auf ewige Zeiten« aus der Stadt ausgewiesen. Das Judenviertel um das Rathaus wurde aufgelöst, die Synagoge abgerissen. An ihrer Stelle wurde die Rathauslaube gebaut. Die Häuser rissen sich die Kölner unter den Nagel.

Die meisten Juden siedelten sich in Deutz an und bauten dort eine neue Synagoge.

Seit 1424 war Köln – wie die Nazis es später ausdrückten – auf Betreiben von Stadt und Erzbischof »judenrein«.

1507 erschien in Köln die antijüdische Hetzschrift »Judenspiegel«. Verfasst hatte sie der vom Judentum zum Christentum konvertierte Johannes Pfefferkorn. Er rief darin zur Vernichtung aller jüdischen Schriften auf. Das Domkapitel und der Erzbischof stellten sich ausdrücklich hinter dieses Machwerk. Lange blieb dieses Werk die Maßregel zum Umgang mit den Juden.

Erst die französische Besatzung Kölns ab 1794 erlaubte den Juden wieder das Niederlassungsrecht innerhalb der Stadtmauern. Am 17. April 1798 siedelte sich die erste jüdische Familie nach 374 Jahren wieder in Köln an. Aber damit war der Antijudaismus, der sich immer mehr zum Antisemitismus entwickelte, nicht gebannt.

Noch bis in die 1820er Jahre gab es in Köln den Brauch, bei dem am Karsamstag im Dom gefeierten Ostergottesdienst einen aus Werg und Stroh stilisierten Judenkopf zu verbrennen. In ihm waren kleine Sprengkörper, die dann explodierten. Mit heftigem Krachen ging es los. Die noch brennenden Strohstücke flogen durch den gesamten Dom. Anschließend setzte die Domorgel mit einem kräftigen Präludium ein. Wenn der Kopf verbrannt war, strömte die Jugend aus dem Dom heraus. Es wurde Brennholz gesammelt und bald loderten auf dem Domhof weitere Feuer mit Judenköpfen. Auch in den Pfarreien wurden solche Feuer veranstaltet.

In der Folgezeit setzte eine Assimilierung der meisten Juden in die kölsche Gesellschaft ein, die wiederum unter den Nazis durch den Antisemitismus und die Shoah auf brutale Weise zunichtegemacht wurde. Es folgte das größte Judenpogrom aller Zeiten. Es kostete insgesamt sechs Millionen Juden in Europa das Leben. Aus Köln waren es rund 10.000 Juden, die ermordet wurden.

Episode 6

Die »Judensau« im Kölner Chorgestühl

Schweinedarstellungen, Schweineköpfe und Schweineblut wurden über Jahrhunderte genutzt, um das Judentum, aber auch den Islam, verächtlich zu machen und zu verhöhnen. Es ging und es geht darum, Menschen, die diesem jeweiligen Glauben anhängen, in ihren religiösen Gefühlen zutiefst zu verletzen. Man nutzte dabei die in beiden Religionen verankerte Unreinheit des Schweinefleischs als Mittel der Beleidigung.

In den letzten Jahren wurde dies insbesondere gegenüber dem Islam praktiziert, indem man Schweineköpfe vor Moscheen ablegte und deren Türen mit Schweineblut besudelte. So ist es etwa geschehen Ende Mai 2019 vor einer Moschee in Mönchengladbach, Mitte 2020 vor einer Moschee in Vaihingen (Baden-Württemberg) und Ende August 2020 wiederum vor einer Moschee in Mönchengladbach.

Dies ist jedoch kein Phänomen der Neuzeit. Diese Verächtlichmachung einer Religion hat eine lange christliche Tradition. Im Mittelalter war dies Ausdruck des Antijudaismus. Dieser war in seinen verschiedenen Erscheinungsformen integraler Bestandteil der christlichen Kultur. Dabei beriefen sich im Mittelalter die christlichen Exegeten auf das Neue Testament, insbesondere auf das Lukasevangelium, das Johannesevangelium, die Apostelgeschichte oder den Römerbrief. Das reichte vom Christusmördervorwurf über das Bild des Juden als Satan, als Heilsverhinderer bis hin zur Beschuldigung der Juden als »Schlangen- und Natternbrut«.

Die früheste Juden diskriminierende Darstellung am Kölner Dom befindet sich auf dem von 1190 bis 1225 hergestellten Dreikönigsschrein. Die beiden Henkersknechte, die Jesus geißelten, werden abwertend als Juden mit Judenhut und Fratze dargestellt. Nicht zu vergessen ist in dem Zusammenhang dass seit dem IV. Laterankonzil 1225 die Juden zum Tragen einer Sondertracht – dem Judenhut – verpflichtet waren, um den sexuellen Umgang mit ihnen zu verhindern.

Ein um 1280 am Kölner Dom angebrachter Wasserspeier zeigt ein auf den Hinterbeinen stehendes Schwein, an dessen Zitze eine kleine männliche Figur saugt – die Versinnbildlichung eines jüdischen Jungen.

In der Zeit von 1300 bis 1310 entstanden in vielen deutschen Kirchen Darstellungen der »Judensau«. Dies ist auch heute noch zu sehen in Brandenburg an der Havel, dem Erfurter Dom, dem Kölner Dom, der Marienkirche in Pirna, dem Magdeburger und Xantener Dom sowie der Stadtkirche zu Wittenberg, um nur einige zu nennen.

Um 1310 entstanden auch am Chorgestühl des Kölner Doms an mehreren Sitzgelegenheiten Darstellungen der »Judensau«. Am Mittelgang der Nordseite finden sich an den Chorgestühlwangen zwei Reliefszenen, eine weitere im Zwickel auf der Rückseite. »Ein Relief zeigt zwei sich gegenüberstehende Juden, von denen der linke ein Schwein hält und der rechte das Tier füttert, ein dritter trinkt kniend aus dessen Zitzen.« (Brinkmann/Lauer, S. 32) Da den Juden das Schwein gemäß ihrer Koscher-Regelungen als unrein gilt, hat diese Darstellung eindeutig eine beleidigende, diskriminierende und herabsetzende Absicht. »Im zweiten Relief schüttet ein Jude einen Trog aus, aus dem ein Schwein und drei Ferkel fallen. Ein zweiter Jude hat einen Knaben an der Hand und greift ans Fass.« (ebenda)

Auch später wurde diese diskriminierende Darstellung verwandt. So gibt es an einem Chorpfeiler des Doms in 45 Meter Höhe eine »Judensau« in Form eines Wasserspeiers. Er stammt aus dem späten Mittelalter.

Das jüngste antijüdische Werk aus dem Jahr 1880 ist eine Skulptur im Michaelsportal an der Nordseite des Doms. Diese Figur zeigt den »Märtyrer« Werner von Oberwesel, der angeblich Opfer eines jüdischen Ritualmordes war. Seine Hand ruht auf einer überquellenden Winzerwanne, die die damals verbreitete Auffassung des von Juden verschuldeten blutigen Kreuztodes Christi symbolisiert. Die im Mittelalter aufkommende These vom Ritualmord, verübt von Juden an Christen, um deren Blut zu trinken, war eine weitere weit verbreitete diskriminierende Behauptung.

Auch in der NS-Zeit gab es Darstellungen, die durch ihre Symbolik als antisemitisch gedeutet werden müssen. So wurden Mitte der 1930er Jahre am äußeren Dachkranz des Doms Hakenkreuze angebracht. Die Forderung, diese endlich abzuschlagen, lehnte die damalige Dombaumeisterin im Jahr 2002 mit folgender Begründung ab: »Das sind für uns Symbole dafür, dass selbst Institutionen wie die damals staatliche Dombauhütte gleichgeschaltet wurden und gehört somit zur Geschichte unseres Doms« (zit. nach taz, 19.11.2005).

Diese Argumentation scheint doch recht abwegig, weil es keinen Nachweis dafür gibt, dass der Dombaumeister zu dieser Darstellung gezwungen wurde. Er hat es wohl freiwillig wegen seiner Affinität zum NS-System anbringen lassen.

Erste Kritik am Relief mit der »Judensau« kam schon Ende der 1990er Jahre auf. Zu Recht forderten die Betreiber der Klagemauer 1998, dass diese weg musste, aber das Chorgestühl blieb, wie es war.

In einer Diskussion der Kölner Melanchton-Akademie im Sommer 2002 thematisierte der Münchner Künstler Wolfram Kastner diese Angelegenheit und schlug vor, diese Darstellungen zu entfernen und an einem anderen Ort des Doms mit Erläuterungen aufzustellen. Empört wies das Domkapitel dies zurück und bemerkte, dass es sich hier »um ein überaus wertvolles Kunstwerk (handelt), das insgesamt zu schützen und auf keinen Fall zu beschädigen ist«. (Marquardt, jcrelations.net/Judenfeindschaft)

Auch der Vorschlag, wenigstens eine Hinweistafel in der Nähe des »Schandmals« aufzustellen, die kritisch die Geschichte der Darstellung reflektiert, wurde von der damaligen Dombaumeisterin Barbara Schock-Werner abgelehnt: »Der Dom ist ein Gotteshaus und soll nicht durch Texttafeln musealisiert werden.« (taz, 19.11.2005) In Regensburg, Lemgo und Wittenberg sah man das anders und brachte entsprechende Tafeln an.

In einer öffentlichen Kunstaktion auf der Domplatte in Sommer 2005 hat der Künstler Wolfram Kastner mit einem Sandwichplakat mit der Aufschrift »Judensau im Kölner Dom« protestiert und dabei Flugblätter verteilt. Daraufhin ließ die Dombaumeisterin die Kathedrale aus Angst vor den »Berufsdemonstranten« schließen. Diese Berufsdemonstranten waren der Künstler und der Leiter der Melanchton-Akademie, ein Pfarrer. Hier hat die Charakterisierung »Protestant« zu Recht eine ganz neue Bedeutung gewonnen.

Dass die Bezeichnung »Judensau« bis in die Neuzeit Auswirkungen zeigte, dokumentieren Schmährufe wie »Judenschwein« oder »Saujude«. Das hatte z. B. Auswirkungen in der Weimarer Republik, wo Corpsstudenten auf den Straßen sangen: »Knallt ab den Walther Rathenau, die gottverfluchte Judensau!« In der Folge wurde der deutsche Außenminister 1922 ermordet. Von der Schmähung zur Tat war es kein weiter Weg.

Der Historiker Julius H. Schoeps hat im April 2020 zu Recht festgestellt: »Die Judenpogrome des Mittelalters und die Verbrennungsöfen von Auschwitz sind schließlich die Folgen dieser tradierten, in Vernichtungs- und Ausrottungsphantasien geronnenen Vorwürfe und Unterstellungen.« Und: »Nicht entfernen, aber immer wieder sichtbar – nicht versteckt – auf diesen Zusammenhang hinweisen ist der Christen Aufgabe.« (taz, 25.4.2020; Jüdische Allgemeine, 23.4.2020).

Dem ist nichts hinzuzufügen.

Episode 7

Hexenverfolgung – Hexenprozesse

Ab dem 12., aber insbesondere im 15. und 16. Jahrhundert wurden Hunderte von Menschen – ganz überwiegend Frauen – der Hexerei angeklagt und verbrannt. Köln war dabei das europäische Zentrum dieses Verfolgungswahns.

Schon im 13. Jahrhundert begann der kirchliche Kampf gegen Ketzerei und Hexerei. Hierbei spielte das Erzbistum Köln mit dem Erzbischof an der Spitze ebenfalls eine Führungsrolle in Europa.

An vorderster Front der Inquisitoren – kirchliche Untersuchungsrichter in Häresieverfahren – gegen die Hexen standen die Dominikaner. Deren Bettelorden wurde 1216 in Spanien gegründet. Ihre Hauptaufgaben sahen sie in der wissenschaftlichen Beschäftigung mit der Theologie und der Ketzerbekämpfung. Obwohl in der Gründungszeit selbst als Ketzer verfolgt, wurden sie durch ihr Spezialistentum bald zu den Lieblingen der Päpste. Sie erstellten sogenannte wissenschaftliche Werke auf theologischer Basis – ein Widerspruch in sich – um Handbücher für die Päpste und Kleriker zur Bekämpfung der Hexerei zu entwickeln. Man nannte sie deshalb auch die Spitzel bzw. Bluthunde Gottes. Ihre Arbeiten boten später die ideologische Grundlage für Folter und Verbrennung von »Hexen«.

Führende Männer dieses Dominikanerordens waren im 13. Jahrhundert Albertus Magnus und sein Schüler Thomas von Aquin. Sie haben wesentlich zur Hexenverfolgung beigetragen.

Albertus Magnus (1206-1280) war von 1248 bis 1252 Rektor

der Universität zu Köln. Vorher lehrte er an der Pariser Universität. 1262 kehrte er nach Köln zurück, wo er 1280 starb. Thomas von Aquin war in der Kölner Rektoratszeit von Albertus Magnus dessen Schüler und wurde ab 1265 Berater von Papst Clemens IV. Die beiden Dominikaner verfassten – insbesondere in ihrer Kölner Zeit – die grundlegenden theoretischen Werke zur Hexerei und dem Entstehen des Zauberwesens.

Aufgrund der Vorarbeiten der beiden ermächtigte Papst Innozenz IV. in seiner Bulle »Ad Extirpanda« die weltlichen Gerichte, von der Folter Gebrauch zu machen. Den Inquisitoren wurde ausdrücklich gestattet, bei der Quälerei anwesend zu sein.

Papst Johannes der XXII. (1316-1334) dehnte die Verfolgung auf den Vorwurf von Zauberei und Dämonenpakt aus. Das war die juristische Grundlage für die Häretiker- bzw. Hexenprozesse. Diese wurden dann von den weltlichen Herrschern und ihren Gerichten übernommen.

Das nun folgende Jahrhundert führte auch in Köln zu einem ersten Höhepunkt der Hexenverfolgung und Hexenprozesse. Der erste urkundlich nachgewiesene Hexenprozess fand 1446 statt. Dabei lief es noch glimpflich ab, die Frauen wurden gegen den Schwur, sich in Zukunft friedlich zu verhalten, freigelassen. Man stand noch am Anfang, die Grausamkeiten mussten sich erst einspielen und die Bevölkerung darauf vorbereitet werden.

1483 war es schon dramatischer. Eine Frau starb hier in einem Hexenprozess an der Folter. Zwei weitere Frauen wurden verbrannt, weil sie durch Hexerei Unwetter herbeigeführt hätten.

Aber das ging den beiden Dominikanern Heinrich Krämer (lat.: Institutoris) und Jakob Sprenger nicht weit genug. Diese beiden, durch den Papst zu Inquisitoren ernannt, erwirkten 1484 von Papst Innozenz VIII. die Bulle »Summis desiderantes affectibus«. Darin behauptete der Heilige Stuhl die Existenz und Schädlichkeit von Hexen und rechtfertigte jegliches Vorgehen gegen sie. Dies war den beiden Dominikanern Sprenger und Krämer zu wenig konkret und so verfassten sie von 1485 bis 1487 den »Hexenhammer« (lat.: Malleus Maleficarum). Dabei beschäftigten sie sich ausführlich mit der Anwendung von Gottesurteilen, um dann zu entscheiden, ob eine Frau eine Hexe sei. Diese Schrift bot ausführliche Schilderungen von vermeintlichen Hexenuntaten und genaue Ausführungen zur Folter, zum Verhör und zur Urteilsfindung. Der »Hexenhammer« erschien 1487 zuerst in Straßburg und wurde ab 1494 in Köln gedruckt.

Der Dominikaner Jakob Sprenger trat schon 1464 in den Kölner Konvent ein, wurde dann Dominikanerprior und Theologieprofessor an der Kölner Universität. Ab 1480 war er Dekan dieser Hochschule. Der »Hexenhammer« entstand in seiner Kölner Zeit. Mit gefälschten Gutachten sorgte er dafür, dass das Traktat die Anerkennung der Kölner Universität als wissenschaftliche Schrift erlangte. Damit wurde die Hochschule zur anerkannten päpstlichen Zensurbehörde. Der »Hexenhammer« wurde zum öffentlichen Handbuch der Justiz und ein Bestseller seiner Zeit.

Auf dieser nun gesetzlichen Grundlage wurden schon 1487 zwei Frauen in Köln zum Tode verurteilt. Sie wurden lebendig begraben.

Die Kölner Verfahren liefen immer gleich ab. Das erzbischöfliche Hofgericht – das höchste weltliche Gericht im Erzbistum Köln – tagte öffentlich auf dem Domhof. Das Gericht bestand aus den reichsten und vornehmsten Bürgern Kölns. Dort wurden die Frauen angeklagt und verurteilt. Falls sie ihre Schuld als »Hexe« nicht zugaben, wurden sie gefoltert.

Bis 1520 gab es schon 13 Auflagen des »Hexenhammers«, allein drei davon in Köln. Immer wieder bestätigten die Päpste die darin detailliert geschilderten Verhörmethoden, so auch Papst Pius V. im Jahr 1569.

Für 1571 und 1591 sind zwei Hexenprozesse in Köln dokumentiert. Dabei wurde Gertrud Geche wie zuvor ihre Mutter als Hexe verbrannt.

Das 17. Jahrhundert war das mörderischste in Hinsicht auf die Hexenverfolgungen. Das lag auch daran, dass der Kölner Erzbischof schon 1607 eine Hexenordnung erließ, die den »Hexenhammer« weiter konkretisierte.

1610 wurden zwei Frauen, die man der Hexerei bezichtigte, auf öffentlicher Straße durch einen aufgehetzten Mob mit Knüppeln totgeschlagen.

Richtig schlimm wurde es ab 1612 durch den neuen Erzbischof Ferdinand von Bayern (1612-1650), einen der fanatischsten Hexenverfolger. Er sah seine Aktivitäten als Teil der Gegenreformation. Für ihn war die Verfolgung der Hexerei eine heilige Pflicht »zu Gottes und der Heiligen Ehre und göttlicher Befehl« (Hecht 1998, S. 13).

Köln wurde zum Zentrum der Hexenverfolgung nördlich der Alpen. Im Umland sollen die Scheiterhaufen so stark gebrannt haben, dass die Rauchwolken bis nach Köln zu sehen waren. In der Zeit von Erzbischof Ferdinand, einem Dogmatiker in Sachen Hexenverfolgung, starben 30 Frauen und ein Mann; weitere zwei Frauen und ein Kind wurden verurteilt. Die Frauen wurden alle verbrannt. Es galt als Gnadenerweis, wenn man sie vorher erwürgte oder enthauptete.

Der Erzbischof mischte sich sogar höchstselbst in die Prozesse ein und befahl zweifelnden Richtern, schärfer durchzugreifen. Unter seiner Ägide gab das Erzbistum mehrere Handbücher zum Hexenunwesen heraus. Diese dienten als Vorlagen zu den Predigten.

Einer der bekanntesten und am besten dokumentierten Fälle ist die Anklage, Folter und Verurteilung von Katharina Henoth 1626/27. Das Ganze hatte einen materiellen Hintergrund. Sie hatte als Postmeisterin – ihr Mann war gestorben und sie führte das Geschäft weiter – ein gut funktionierendes Postwesen aufgebaut und wurde dadurch immer mehr zu einer ernsthaften Konkurrenz der Familie Thurn und Taxis, die meinte, ein Monopol in diesem

Geschäftszweig zu haben. Da deren Residenz in Süddeutschland lag, wandte sie sich an Ferdinand von Bayern, um ihn zu bewegen, sie von der lästigen Konkurrenz zu befreien. Der Erzbischof unterstützte den Kölner Rat dabei, Katharina Henoth zu verhaften, wegen Hexerei anzuklagen und zu verurteilen. Der Kirchenfürst selbst hatte großes Interesse an der Verurteilung, da er ihr zwei große Geldbeträge schuldete, die er sich durch die Hinrichtung ersparen konnte.

Sie wurde am 9. Mai 1627 auf dem Friedhof Melaten durch den Scharfrichter erdrosselt und anschließend verbrannt.

Das letzte dokumentierte Opfer war Enn Lennarz, die 1655 enthauptet und verbrannt wurde.

Insgesamt sind in Köln 103 gerichtliche Verfahren wegen Hexerei durchgeführt worden, 90 Menschen wurden verbrannt.

Infolge des Westfälischen Friedens (1648) ebbte die Hexenverfolgung ab. Trotzdem erlangte der »Hexenhammer« bis 1669 weitere 16 Auflagen.

Insgesamt wurden in Deutschland rund 2.000 als Hexen verurteilte Frauen hingerichtet. Zur gleichen Zeit gab es in Italien keine einzige Verurteilung unter dem Vorwurf. Nur die deutschen Erzbischöfe waren derart fanatisch. Der fanatischste und einflussreichste von allen war der Kölner Erzbischof Ferdinand von Bayern.

Episode 8

Köln: Ein Zentrum der Gegenreformation – Brutale Unterdrückung der Kirchenreform

Schon im 12. Jahrhundert gab es das erste Vorgehen gegen Ketzer in Köln, auch Häretiker genannt. So wurden um 1120 in Köln Mitglieder des Ordens der Katharer durch die »Wasserprobe« der Häresie überführt und gelyncht. Bei einer Wasserprobe wurden die Beschuldigten ins Wasser geworfen. Gingen sie nicht unter, war das der Beweis für Häresie, weil das Wasser sie nicht nahm.

Am 31. Oktober 1517 stellte Martin Luther seine 95 Thesen gegen den Ablasshandel durch Anschlag an die Tür der Schlosskirche zu Wittenberg der Öffentlichkeit vor. Es war damals eine Ungeheuerlichkeit für die herrschende christliche Kirche.

Richtige Verbreitung über ganz Mitteleuropa erfuhren seine Streitsätze durch die im 15. Jahrhundert von Gutenberg erfundene Buchdruckkunst. Nun konnten Luthers Schriften tausendfach im deutschen Sprachraum und darüber hinaus verbreitet werden. Ohne den Buchdruck – eine Medienrevolution damals – wäre Luther nicht so erfolgreich gewesen.

Seine Lehre gelangte auch in das damals stockkonservative christliche Köln und fand dort ihre Anhänger. Hier wurden – vor allen anderen Städten – die Schriften von Martin Luther schon am 12. November 1520 auf dem Domhof verbrannt. Hinter der Aktion stand der päpstliche Legat Hieronymus Alexander. Es gab ein prominentes Publikum bei dieser öffentlichen Veranstaltung. Neben den Kölner Ratsherrn, dem Domkapitel, den Professoren der Alten Universität zu Köln war auch der Kaiser Gast dieses Spektakels.

Luther ließ sich nicht lumpen und verbrannte seinerseits öffentlich in Wittenberg die päpstliche Bulle – unter Androhung des Kirchenbannes gegen ihn. Damit war das Tischtuch zwischen Luther und seinen Anhängern auf der einen Seite und der Herrschaftskirche auf der anderen Seite zerschnitten. Was den Katholiken am meisten stank, war, dass Luther das ganze Brimborium mit den Heiligen abschaffte. Das war mit dem Tourismus und dem Devotionalienhandel eine der wichtigsten Einnahmequellen der katholischen Städte.

In Köln wurden 1523 die ersten Ordnungen zu den reformatorischen Ideen erlassen. Die Schriften Luthers wurden verboten. Diese Verbote mussten jährlich wiederholt werden, weil seine Anhänger in Köln immer wieder seine Schriften verteilten.

Nun wurden 1528 die Wiedertäufer – eine radikal reformatorische Nebenbewegung der Protestanten – reichsweit mit der Todesstrafe bedroht.

Vom Wort zur Tat ist es oft nicht weit.

Am 28. September 1529 wurden in Köln zwei lutherische Ketzer öffentlich auf dem Hinrichtungsplatz Melaten auf dem Scheiterhaufen verbrannt. Es waren der Theologe Adolf Clarenbach und der Student Peter Fliesteden. Die erste Untersuchung wurde durch die Stadt und ihre Beamten durchgeführt. Sie leisteten die Vorarbeiten zum Prozess. Die Verurteilung – Tod durch Verbrennen – fiel in die Zuständigkeit des erzbischöflichen Hohen Gerichts, dessen Schöffen die reichsten und einflussreichsten Bürger der Stadt Köln stellten.

Als am 28. September die beiden zum Hinrichtungsplatz geführt wurden, läuteten die Domglocken. Den ganzen Weg säumten viele Kölner, die sich dieses Spektakel nicht entgehen lassen wollten. Dem protestantischen Prediger Clarenbach wurde in der Urteilsverkündung mitgeteilt, dass er »als räudiges und faules, stinkendes Glied von der heiligen Kirche abgeschnitten werde« (zit. nach Kölner Stadt-Anzeiger, 28./29.10.2017).

Da Fliesteden vor der Hinrichtung den Gerichtsvorsitzenden als Christenverfolger beschimpfte, der schlimmer als Pilatus sei, wurde er sofort erdrosselt. Man wartete den Feuertod nicht mehr ab.

Clarenbach hatte sich um den Hals ein Pulversäckchen gebunden, das nach dem Anzünden des Scheiterhaufens bald explodierte und ihn vorher erstickte. Das Ganze war ein öffentlicher Staatsakt des Rates von Köln und des Herrschers von Kurköln, des Erzbischofs Hermann V. von Wied Runkel (1515-1547). Er sollte später zum Protestantismus übertreten (siehe unten).

Bald ging es Schlag auf Schlag. Am 7. November 1533 wurde der Wiedertäufer Richard von Richrath auf dem Scheiterhaufen auf Melaten verbrannt. Ein Jahr später zwei Anführer einer Kölner Wiedertäufergemeinde. Im gleichen Jahr wurden drei Glaubensbrüder Luthers öffentlich durch das Schwert hingerichtet.

Ob Erzbischof Hermann V. dies nicht mehr mit ansehen und mittragen wollte, ist nicht überliefert; als er sich 1546 zu den Lehren Martin Luthers bekannte, wurde er deshalb durch den Papst exkommuniziert und seines Amtes enthoben. Am 25. Februar 1547 verzichtete er auf seine erzbischöflichen und kirchlichen Funktionen.

Infolge der Kriminalisierung der protestantischen Lehre und ihrer Anhänger ging die Gemeinde ab 1564 in den Untergrund. Für dieses Jahr ist eine reformierte (calvinistische) und für 1575 eine lutherische Gemeinde in Köln dokumentiert. Diese Gemeinden bestanden aus Kölner Bürgern, aber auch aus Glaubensflüchtlingen, gegen die die Stadt nichts unternahm, wenn sie reich waren und Geld nach Köln brachten. So lockte die Stadt 1566 150 wohlhabende protestantische Kaufleute aus Brügge, Gent und Antwerpen mit der Aussicht auf gute Gewinne nach Köln. Nur fünf Jahre später wurden sie, weil sie Protestanten waren, aus Köln ausgewiesen, und ihr Vermögen wurde eingezogen – ein lukratives Geschäft für die Stadt.

Am 1. Januar 1579 sprengten Beamte des Rates einen geheimen Gottesdienst der Lutheraner und verhafteten die Teilnehmer, darunter deren Gemeindevorsteher Johann Bennonius.

1582 wurde vom Stadtrat erneut die Ausweisung von Ketzern beschlossen. Das Kuriose daran war, dass Erzbischof Gebhard II., Truchseß von Waldburg, im Dezember des Jahres zum neuen Glauben übergetreten war, um die Gerresheimer Stiftsdame Agnes von Mansfeld zu heiraten. Er stellte seinen Untertanen den Glauben frei. Das wollte der Papst nicht auf sich sitzen lassen und ließ ihn 1583 absetzen. Als sich der Erzbischof weigerte, sein Amt aufzugeben, war das dem Papst Anlass genug, um zusammen mit dem Kaiser ein Heer gegen die Truchsessischen Soldaten zu mobilisieren. Fünf Jahre lang überzog der sogenannte Truchsessische Krieg das Erzbistum. Dabei wurde Deutz von den erzbischöflichen Truppen zerstört. Bei der Schlacht von 1588 bei Bonn unterlag der Erzbischof und kapitulierte.

1583 wurde der Katholizismus zur Staatsreligion von Köln und Kurköln erhoben, dem Herrschaftsbereich des Erzbischofs.

Aber die protestantischen Gemeinden tagten heimlich weiter. Zu Beginn des 17. Jahrhunderts hatten sie rund 1.000 Mitglieder. Die Stadt Köln übte Druck auf die protestantischen Kaufleute aus, indem sie ihnen Schutz und Schirm aufkündigte. Daraufhin verließen 1601 300 der wohlhabendsten Handelsleute die Stadt.

Köln entwickelte sich nach innen und außen zum Zentrum der Gegenreformation. Dabei zeichnete die Stadt sich durch besonders brutales Vorgehen gegen die Reformation und deren Glaubensgenossen aus.

1623 tagte im Kölner Rathaus die »Spanische Liga«, das katholische Militärbündnis im Dreißigjährigen Krieg. Daraus leitete sich später die Bezeichnung »Spanischer Bau« für dieses Nebengebäude des Historischen Rathauses ab.

Die Pressionen gegen die Protestanten nahmen zu. 1697 wurden sie vom Bürgerrecht ausgeschlossen. Sie durften sich weder am Rat noch den Gaffeln, den politischen Vertretungen der Kaufleute und Handwerker, beteiligen. Dieses Verhalten war eigentlich ungewöhnlich für eine freie Reichsstadt und ein Haupthandelszentrum der Hanse, denn solche waren auf den freien Handel auch mit protestantischen Gegenden angewiesen. Es musste wohl an den Scharfmachern innerhalb der erzbischöflichen Leitung und unter den reichsten Kölnern gelegen haben. Vielleicht war auch das Ausschalten von Konkurrenz ausschlaggebend.

Als am 8. Januar 1714 die Gewerbefreiheit sowie die Mitwirkungsmöglichkeit der protestantischen Händler und Kaufleute weiter drastisch eingeschränkt wurden, verließen acht Unternehmer die Stadt Köln und siedelten sich in Mülheim am Rhein an, damals eine selbstständige Stadt im Herzogtum Berg. Dort herrschte Religionsfreiheit. Unter den Neuansiedlern waren auch vier Textilunternehmer. Einer davon, Christoph Andreae entwickelte sich zum größten Unternehmen in Mülheim. Landesweit hatte er in der Spitze 4.000 Weber beschäftigt.

Der Herzog von Berg hatte sie mit dem Steuerprivileg gelockt. Damit war die 25-jährige Befreiung von den Gewinn- und Gewerbesteuern sowie von allen Kriegspersonal- und Reallasten verbunden. Alle 25 Jahre wurde dieses Privileg bis zur Preußenzeit verlängert.

Erst nachdem die Franzosen 1794 in Köln einmarschiert waren, wurde hier die freie Religionsausübung proklamiert. Im Dezember 1797 erhielten die Protestanten und Juden das volle Bürgerrecht. Der erste protestantische Gottesdienst fand am 23. Mai 1802 in Köln statt. Einen Monat später wurde die Antoniterkirche den Protestanten übertragen und so das erste protestantische Gotteshaus in Köln. Dass man ihnen sogar den Dom angeboten hatte, sie aber wegen der hohen Heizkosten dieses Angebot ablehnten, ist bloß als Gerücht verbürgt.

Nach der Hexenverfolgung war die Verfolgung der Reformatoren das zweite grausame Vergehen in Köln gegen Menschen, die nicht ins Raster passten. Beim Vorgehen gegen diese beiden Gruppen waren Köln und sein jeweiliger Erzbischof Vorreiter in deutschen Landen – ausgewiesen durch besondere Brutalität.

Episode 9

Preußens Gloria vollendet den Kölner Dom

Als die Franzosen im Januar 1814 nach 20-jähriger Besatzung Köln verließen – deutsche und russische Soldaten hatten sie bezwungen – hatte Köln einen Modernisierungsschub erhalten. Erst durch diese relativ kurze Franzosenzeit war das Mittelalter für die Stadt endgültig vorbei. Ein ziviles Rechtssystem – der Code Napoléon – wurde eingeführt, der übrigens bis zum Ende des Ersten Weltkrieges links des Rheins galt. Die regelmäßige Straßenreinigung durch sogenannte »Mistschröfler« wurde verbindlich, die Straßenbeleuchtung und die Durchnummerierung aller Kölner Häuser wurden angestoßen und das erste Kölner Adressbuch erschien.

Aber die Kölner ließen in den Folgejahren viel verkommen. Die Straßen wurden wieder zu stinkenden Kloaken wie vor der Franzosenzeit. Das wissen wir von Zeitzeugen, die damals Köln besuchten. So berichtete Johanna von Schopenhauer über ihren Besuch 1828 in Köln: »In steter Furcht überfahren zu werden, betäubt vom Lärm der Lastträger, der Karrenschieber und aller Unlust eines in sehr beschränkten Räumen allerlei Gewerbe treibenden Volkes, windet man sich auf schlechtem, schlüpfrigem Steinpflaster durch düstere, enge Straßen, von hohen, die Luft beengenden Giebelhäusern umgeben. … Mit jedem Atemzuge trinkt man den erstickenden Qualm von Tran, Öl, Leder, Unschlitt und allen möglichen Warenartikeln ein, die ringsumher Gewölbe, Keller und Speicher anfüllen.« (zit. nach Schimmang, S. 52)

Köln und das Rheinland wurden 1815 durch den Wiener Kongress Preußen zugeschlagen. Hier war der Protestantismus vorherrschend, der preußische König religiöser Führer in seinem Land. Groß war die Begeisterung in Köln für den neuen Landesherrn nicht. Besonders als er dafür sorgte, dass die von den Franzosen geschlossene Universität nicht wieder eröffnet wurde, dafür aber eine in Bonn und eine in Düsseldorf. Das protestantische Preußen und die erzkatholische, gegenreformatorische und stockkonservative Universität, die Gutachten zur Unterstützung der Hexenverfolgungen und der Ermordung von Reformatoren verfasst hatte, passten einfach nicht zusammen. Wie schrieb Heinrich Heine 1843 so treffend:

»Die Flamme des Scheiterhaufens hat hier
Bücher und Menschen verschlungen;
Die Glocken wurden geläutet dabei
Und Kyrie Eleison gesungen.

Dummheit und Bosheit buhlten hier
Gleich Hunden auf freier Gasse;
Die Enkelbrut erkennt man noch heut
An ihrem Glaubenshasse.« (zit. nach Schimmang, S. 57)

Mit Beginn der Preußenzeit geriet das katholische Köln in eine Sinnkrise. Aufgrund der Aufklärung in Folge der Französischen Revolution kam man in immer größere Legitimationsschwierigkeiten. Die alten Werte stimmten nicht mehr. Es gab in Köln zwei Richtungen in dieser Krise. Die einen wollten zurück zur Religion des Mittelalters und ihrer Mystik. Die anderen sahen die Religion immer nur als Bremse an, wenn es um den Fortschritt ging.

In diesem Zwiespalt bewegte sich auch der Umgang mit dem unfertigen Kölner Dom. Sollte der Weiterbau die alten Werte des Dogmatismus weiter symbolisieren oder sein Verfall den Niedergang der alten Ideen. Eigentlich ließ sich doch mit dem jetzigen Zustand gut leben. Drei Jahrhunderte lang war das Wahrzeichen Kölns der Kran aus Eichenholz auf dem unfertigen Südturm des Doms.

Hinzu kam, dass der Dom schon in der Franzosenzeit dem Verfall anheimfiel. Sie hatten ihn zuerst als Lager für mehrere Tausend österreichische Kriegsgefangene, dann als Fourragespeicher und später als Pferdestall genutzt.

Nach dem Abzug der Franzosen war er in einem erbarmenswürdigen Zustand. So schilderte Goethe bei seinem Besuch 1815 in Köln seine Eindrücke: Als er mit dem Rücken zum zugemauerten Ostteil des Doms stand, sprach er von »dieser unordentlichen Scheune« (zit. nach Breuers, S. 262). Er verglich das unfertige und nur notdürftig geflickte Dach mit einer kahlen Werkhalle.

Es kümmerte sich wohl keiner um den Dom, denn mehr als 20 Jahre später beschrieb ihn Victor Hugo 1838 folgendermaßen: »Wenn jemand den Kölner Dom von außen fertig baut, dann weiß ich nicht, wer ihn inzwischen im Innern zerstört. Da gibt es kein Grabmal, dessen Figuren nicht verstümmelt oder abgebrochen wären; kein Gitter, das dort nicht verrostet wäre, wo es ehedem vergoldet war. Staub, Rost und Schmutz sind überall. Die Fliegen verunreinigen das ehrwürdige Antlitz des Erzbischofs Philipp von Heinsberg. Der Mann von Erz, der auf jener Platte liegt, der Konrad von Hochstädten heißt und diese Kirche bauen konnte, vermag sich jetzt aus den Spinngeweben nicht herauszuwinden, die ihn, wie einem Gulliver, mit zahllosen Netzen an den Boden gefesselt haben« (zit. nach Schimmang, S. 69).

Dies gefiel dem vermögenden Kölner Kunsthändler Sulpiz Boisserée überhaupt nicht. Er hatte seinen immensen Reichtum durch den günstigen Kauf mittelalterlicher Tafelbilder aus den säkularisierten Klöstern und Kirchen von den Franzosen erworben. Die waren nach deren Abzug ein Vermögen wert.

Boisserée kam auf eine geniale Idee: Er verbreitete den Gedanken, den Dom als Symbol der nationalen Erneuerung im Geiste der deutschen Tradition, aber auch im Geiste des Fortschritts, zu Ende zu bauen. Außerdem sollte er als Nationaldenkmal der Befreiung von den Franzosen und als Symbol des unter preußischer Führung neu gegründeten Kaiserreichs dienen.

Die katholische Kirche in Köln merkte bald, dass sie die Vollendung des Doms nur erreichen würde, wenn sie ihre Fahne in den nationalen Wind hing. Nun hörte man aus den Mündern der katholischen Kirchenoberen auf einmal nationalistische Töne. Der Dom solle die Wiedergeburt des deutschen Geistes symbolisieren. Die Wortwahl änderte sich. Aus der Kathedrale Gottes wurde der Dom zum Tempel der Deutschen, so schwadronierten sie im *Kölner Domblatt* 1842. Das Sinnbild des himmlischen Jerusalems wurde zum »Symbol des neuen Reiches«, so der Chefideologe der rheinischen Katholiken Joseph Görres (zit. nach Günther, S. 128). Sogar den Nationaldichter Ludwig Uhland spannten sie ein. Er sprach vom »Deutschen Bau am Deutschen Strom – ein großer Vaterlandsgedanke« (zit. nach Hoven, S. 81).

Nun galt es nur noch, den preußischen König für die Idee zu begeistern und eine breite öffentliche Bewegung herzustellen. Boisserée schaffte es, Friedrich Wilhelm IV. zu überzeugen. Der sprach die kräftigen Sätze: »Der Dom soll ein Zeichen des Friedens und ein Werk des Brudersinns der verschiedenen Bekenntnisse« werden (zit. nach Kaltwasser, S. 39). Da bekam Boisserée doch Fracksausen ob der Angst, dass er die Geister, die er rief, nicht mehr loswerden würde. Am Ende sollten auch die verhassten Protestanten dort ihre Gottesdienst abhalten, so wie im Altenberger Dom? Unvorstellbar!

Aber er vertagte das Problem bis nach der Fertigstellung; dann würde man weitersehen.

Außerdem ließ sich Boisserée per »Allerhöchste-Kabinetts-Ordre« 1840 die Genehmigung zur Gründung des Dombau-Vereins erteilen. Am 13. April 1841 war es so weit. Der Appellationsgerichtsrat August Reichensperger, ein strenger Katholik, rief zur Gründung auf. Das war kurz nach der Thronbesteigung von Friedrich Wilhelm IV., der ein begeisterter Anhänger dieser Idee war. Der Dom sollte für ihn zum Sinnbild des preußischen Staats werden und die Fertigstellung als Gebäude eng mit dem Prestige der preußischen Monarchie im Rheinland verknüpft werden. Denn immer noch herrschte hier große Skepsis gegenüber dem protestantischen Herrscherhaus.

Bei der Gründung des Zentral-Dombau-Vereins wurde peinlich darauf geachtet, dass alle drei Glaubensrichtungen in ihm vertreten waren, Protestanten, Katholiken und Juden. Das passte nicht allen. Der Chefideologe der rheinischen Katholiken, Joseph Görres, war strikt dagegen. Trotzdem waren bei der Gründungsversammlung im April 1841 unter den über 300 Teilnehmern 180 Protestanten, 95 Katholiken und 42 Juden. Darunter der gesamte Kölner Geldadel. Die Mitgliedsbeiträge waren aber auch so hoch, dass kein normaler Erdenbürger sich den Beitritt leisten konnte.

Der König hatte inzwischen verfügt, dass die Fertigstellung des Doms hauptsächlich aus Staatsmitteln zu finanzieren sei. Denn er träumte weiter davon, im Dom alle Stämme und Konfessionen zu vereinen. Es schwebte dem König sogar vor, den Dom als Ruhmeshalle verdienstvoller deutscher Männer – Frauen gab es wohl damals nicht? – durch Bronzetafeln zu vollenden.

Endlich kam der über Jahrhunderte ersehnte Tag. Am 4. September 1842 legte der preußische König Friedrich Wilhelm IV., der mit der Königin und großem Gefolge erschienen war, den Grundstein für den Weiterbau. Die ganze Stadt war auf den Beinen. Über 10.000 Kölnerinnen und Kölner nahmen an dem Festakt teil. Ja, sie jubelten sogar dem verhassten protestantischen König zu und das im »Hillije Kölle«.

Für den Geldadel gab es ein riesiges Festbankett im Gürzenich. Festtagsstimmung in ganz Köln. Für die Ärmsten wurden 5.000 Portionen Fleischbrühe, Wein und Wurstbrote öffentlich und kostenlos ausgegeben.

In seiner Festrede führte der König aus: »Dies ist, Sie fühlen es, kein gewöhnlicher Prachtbau. Es ist das Werk des Brudersinnes aller Deutschen, aller Bekenntnisse. Wenn ich dies denke, so füllen sich meine Augen mit Wonnethränen und ich danke Gott, diesen Tag zu erleben.« (zit. nach Kölnische Bibliotheksgesellschaft, Nachdruck des Gedenkbuches zur Grundsteinlegung von 1842, S. 20 f.) Pathetischer ging es wohl damals nicht.

Doch bald gewannen die alten Ressentiments wieder Oberhand: Sollte der Dom etwa ein Haus aller Konfessionen sein? Am Ende auch noch der Juden? Denen man eh schon die Gleichstellung neidete. Die antijüdischen bzw. antisemitischen Bewegungen standen schon in den Startlöchern.

Nur den Katholiken sollte dieses Haus vorbehalten sein, auf keinen Fall aber auch den Protestanten.

Tatsächlich schafften es die Katholiken, im Zuge des Kulturkampfes eine solche antipreußische Stimmung in den nächsten Jahrzehnten zu verankern, dass der preußische König und spätere deutsche Kaiser 1880 eine nur katholische Kathedrale einweihte. Nach dem gerade beendeten Kulturkampf zwischen preußischem Herrscher und der katholischen Kirche wollten die Hohenzollern nicht weiteres Öl ins Feuer gießen. So blieb der Dom für Gottesdienste weiterhin nur den Katholiken vorbehalten, obwohl ein protestantischer Herrscher die teure Vollendung fast allein bezahlt hatte.

Episode 10

Die 1848er Revolution und der Klerus

Die Revolution in Paris im Februar 1848 hatte Auswirkungen auf ganz Europa, programmatisch flankiert von Karl Marx und Friedrich Engels, die sich damals zeitweise in Paris aufhielten.

In den deutschen Ländern lag Köln unter den Großstädten am nächsten zum Revolutionsort Paris. So war es nur folgerichtig, dass schon vor Berlin, Frankfurt und Wien in Köln die revolutionären Ideen aufgegriffen wurden und die Arbeiter aktiv werden ließen.

Köln hatte damals rund 85.000 Einwohner. Von 1846 bis 1848 herrschte eine Strukturkrise der Wirtschaft. Hinzu kamen Missernten in den Jahren 1845 bis 1847, die die Preise für Grundnahrungsmittel in die Höhe trieben. Durch die Landflucht gab es ein Überangebot an Arbeitskräften. Die Mehrheit der Bevölkerung lebte am Rande des Existenzminimums. Es gab 30.000 Almosenempfänger (fast 40 Prozent). In Köln herrschte Massenarmut. Aus der daraus resultierenden Unzufriedenheit über die sozialen Verhältnisse fielen die Ideen der Februarrevolution auf fruchtbaren Boden. Von den 11.000 unselbstständig Beschäftigten Kölns im Jahre 1848 waren damals nur 1.400 Fabrikarbeiter, der Rest Handwerksgesellen, Tagelöhner und Dienstboten. Das waren die Menschen, die am meisten unter den Verhältnissen litten.

So gab es schon am 28. Februar und am 1. März 1848 geheime Arbeiterversammlungen, auf denen Vorbereitungen getroffen wurden, den auch in Köln bestehenden Unmut in organisierte Bahnen zu lenken.

Erstes Ergebnis war der Marsch zum Kölner Rathaus am Spätnachmittag des 3. März 1848. Dort tagte der Kölner Rat in einer außerordentlichen Sitzung, um eine Denkschrift an den preußischen König zu beraten. Die Arbeiter trugen dort ihre Forderungen vor. Das waren:

1. Gesetzgebung und Verwaltung durch das Volk. Allgemeines Wahlrecht und allgemeine Wählbarkeit in Gemeinde und Staat.
2. Unbedingte Freiheit der Rede und der Presse.
3. Aufhebung des stehenden Heeres und Einführung einer allgemeinen Volksbewaffnung mit vom Volke gewählten Führern.
4. Freies Vereinigungsrecht.
5. Schutz der Arbeit und Sicherstellung der menschlichen Lebensbedürfnisse für alle.
6. Vollständige Erziehung aller Kinder auf öffentliche Kosten.

Der Stadtrat lehnte dies ab. So organisierten sich die Arbeiter und gründeten am 13. April 1848 den Kölner Arbeiterverein, der bald auf 7.000 Mitglieder anwuchs und der größte in ganz Deutschland war. Marx und Engels siedelten nach Köln über und stellten sich an die Spitze der Bewegung.

Die ganze Richtung missfiel den katholischen Würdenträgern. Sie wollten sich die bisherige Deutungshoheit über die Machtverhältnisse, über gottgewolltes und gottgefälliges Regieren der Herrschenden nicht in Frage stellen lassen. Schließlich hatte die katholische Kirche jahrhundertelang von der Anerkennung der weltlichen Macht im wahrsten Sinne des Wortes profitiert. Mit Blick auf das Wirken von Marx wollte die hier herrschende Kirche auch in Köln gegensteuern. Dem ökonomischen Materialismus musste die christliche Heilslehre entgegenwirken.

Dabei nutzte der Klerus gerade die in der Märzrevolution gewonnene Freiheit, sich zu Vereinigungen zusammenzuschließen, weidlich aus. Er gründete Organisationen, um den Arbeitern die revolutionären Ideen der Emanzipation abspenstig zu machen und an die Dogmen der katholischen Heilslehre zu binden. Überall in Deutschland initiierten katholische Bischöfe die Gründung von »Piusvereinen für religiöse Freiheit«. Alle Vereine standen unter der Leitung eines Geistlichen, den Arbeitern traute man nicht, aber man traute ihnen auch den Vorsitz nicht zu.

Der erste Piusverein wurde am 25. März 1848 in Mainz gegründet, Köln folgte am 10. Juni des Jahres. Überall schossen Piusvereine aus dem Boden. Bis zum Herbst existierten schon Hunderte dieser Vereine mit angeblich rund 100.000 Mitgliedern. Sie initiierten eine Wahlbewegung, um viele linientreue katholische Wahlmänner für die indirekten Wahlen zur Frankfurter Nationalversammlung, aber auch zu den Wahlen für den Preußischen Landtag zu installieren. Unter Federführung des Kölner Erzbischofs wurde am 15. April 1848 in Köln ein Wahlprogramm beschlossen, das für alle Piusvereine maßgebend war. Heute würde man von Wahlprüfsteinen sprechen. Auf der Grundlage dieses Programms wurden zahlreiche Geistliche als Wahlmänner gewählt. Für das Berliner Parlament wurde sogar Erzbischof Johannes von Geissel gewählt.

Im Frankfurter Parlament konnten durch die katholischen Wahlmänner 23 linientreue Abgeordnete durchgesetzt werden, die in Fraktionssitzungen unter Leitung eines Geistlichen – von wem auch sonst? – ihre politische Agenda und das Abstimmungsverhalten festlegten.

Als am 5. Dezember 1848 die Nationalversammlung aufgelöst und eine neue Verfassung durch den preußischen König erlassen wurde, waren die Piusvereine die ersten, die diese demokratiefeindliche – aufoktroyierte – Verfassung begrüßten. Sie blieben königstreu, wie von den Herrschenden seit Jahrhundert gefordert und eingehalten.

Unterdessen brauchte es in Köln auch einen äußeren Anlass, um die weiter bestehende und nicht zu gefährdende Macht der katholischen Kirche und ihre Zusammenarbeit mit dem preußischen

Herrscherhaus zu demonstrieren. Dem in Köln am 13. August mit allen demokratischen Vereinen Deutschlands tagenden Demokratenkongress galt es, ein deutliches Signal entgegenzusetzen. Denn auf dem Höhepunkt der Revolution in Köln musste von preußischer und katholischer Seite – in seltener Einigkeit über Religionsgrenzen hinweg – ein Gegenfest organisiert werden.

Vom 14. bis 16. August 1848 wurde in Köln die rauschende 600-Jahr-Feier der Grundsteinlegung des Doms begangen. Zur gleichen Zeit saßen seit dem 3. Juli die Anführer des Kölner Arbeitervereins, Gottschalk und Annecke, in Haft. Ihr Prozess wurde verschleppt und endete erst kurz vor Weihnachten mit einem grandiosen Freispruch, denn die Vorwürfe hatten sich als haltlos erwiesen. So lange aber ließ man sie schmoren.

Dem Dombaufest tat das keinen Abbruch. Über 30.000 Besucher waren zu diesem vom Zentral-Dombau-Verein und der Stadt Köln veranstalteten Fest gekommen. Trotzdem spürte man die politischen Spannungen, die in der Luft lagen. Unter den Gästen war König Friedrich Wilhelm IV., der trotz Abneigung des Erzbischofs und der Stadt ihm gegenüber herzlich begrüßt wurde – im Gegensatz zu den Düsseldorfern, die die Kutsche des Königs bei der Durchfahrt mit Kot bewarfen. In Begleitung des Königs waren der Reichsverweser Erzherzog Johann, außerdem der jüngere Bruder des Königs, Prinz Wilhelm, der verhasste »Kartätschenprinz«, der am 18. März 1848 gegen die aufmüpfigen Berliner mit Kanonen und Gewehren hatte schießen und dabei Dutzende töten lassen. Der Papst ließ sich durch den Nuntius Viale Prela vertreten. Natürlich war der Erzbischof von Geissel auch dabei.

Das Domkapitel schaffte es sogar, die immensen Kosten dieses dreitägigen Spektakels auf die Stadt Köln abzuwälzen. Der Stadtrat beschloss, eigens dafür einen Kredit aufzunehmen.

Die Kölner Zeitung des Arbeitervereins kommentierte die Feier folgendermaßen:

»Die meisten unserer geehrten Leser werden schon von dem berühmten Dombaufeste gehört haben, wo an einem Steinklumpen [gemeint war der Dom, F. B.] das zweitemal [nach der Grundsteinlegung 1842 für den Weiterbau, F. B.] die deutsche Einigkeit gefeiert wurde. Unsere Nachbaren Franzosen, Engländer usw. müssen sich doch höchlich wundern über die 39fache Einheit Deutschlands, wenn sie lesen, wie beherzt diese Einheit und Einigkeit von Seiten der Regierungen direkt und indirekt gehandhabt wird.

Ohne die infamen Gräueltaten im Posenschen, ohne die gemeine Brutalität der Soldateska in Schweidnitz zu erwähnen, wurde bei dieser Einigkeit und Einheitsfeier die schwarz und weiße Fahne gegen die schwarz-rot-goldene, der Soldat gegen den Bürger gehetzt, bewaffnet und betrunken gemacht, dann losgelassen, wie dieses die letzten Exzesse in Düsseldorf beweisen. Selbst in unserer heil. Stadt Köln konnte man des Abends an der Kaserne auf dem Neumarkt die Inschrift lesen ›F. W. wir sind Dein‹« (zit. nach Zeitung des Arbeitervereins, 24.8.1848).

Und die *Neue Rheinische Zeitung* (NRhZ) konstatierte, die bevorstehenden Festlichkeiten sollten die »leichtsinnigen Kölner von aller Politik ablenken. Der verhaftete Gottschalk wird dem Dombaufeste geopfert« (NRhZ, 5.8.1848).

Als die Honoratioren nach dem Hochamt vom Dom ins Freie traten, brach just in dem Moment ein Platzregen los. Die Zuschauer stürzten zu den Unterstellmöglichkeiten. Man ging zum Gürzenich, wo auf die 1.200 betuchten Gäste ein achtgängiges Menu wartete. Der König bemerkte in seiner Rede, dass sie nicht vergessen würden, »dass es in Deutschland Fürsten gibt und ich zu diesen gehöre!« (zit. nach Stelzmann, S. 274) Eine deutliche Warnung an die Revolutionäre.

Auch die *Zeitung des Arbeitervereins* bemerkte kritisch: »Glücklicher Soldat, wie erhebend müssen Deine Gefühle gewesen sein, als Du mit leerem Magen das herrliche Flammenmeer bewundern konntest, was deine Treue und Nüchternheit geschaffen hatten! …

Acht und dreißig Lichter für ein Pfund Rindfleisch! ... Die armen Soldaten würden zuletzt vor lauter Illuminieren ganz durchsichtig werden.« (zit. nach ZAV, 20.8.1848).

Um die Kosten für das prächtige Abendfeuerwerk aufzubringen, verzichteten die Soldaten der Deutzer Garnison angeblich freiwillig auf einen Teil der ihnen zustehenden Verpflegungskosten. An mehreren Tagen erhielten sie kein Fleisch. Obwohl sie nichts von der Feier hatten, durften sie wenigstens dafür hungern.

Trotz dieser Feierlichkeiten ließen sich die Kölner Arbeiter nicht von den Ideen der Revolution abbringen. Erst als das breite Bündnis aus Fürsten, dem liberalen Bürgertum (anfangs auf der Seite der Revolution) und der Kirche sich einig war, die Ideen der Revolution auch mit Waffengewalt zu bekämpfen, brach die Revolution in Köln, aber auch in den deutschen Fürstentümern, zusammen. Zu schwach waren die Kräfte des Arbeiterstandes damals.

Episode 11

Kulturkampf in Köln – Erzbischöfe im Knast

Am 23. Juli 1880 wurde der Nordturm des Doms vollendet. Die Kathedrale war nach über 600 Jahren Bauzeit endlich fertig. Nicht am 15. August 1880, wie es das Domkapitel wollte, sondern am 15. Oktober, wie es die Preußen wollten, wurde der Dom in einer pompösen Vollendungsfeier von Kaiser Wilhelm I. und seiner Gattin der Öffentlichkeit dargeboten. Kein Erzbischof war dabei, wie auch, die Preußen hatten ihn verhaftet und dann abgesetzt. Das Domkapitel boykottierte die Feier sogar. Und so läuteten – man kann es kaum glauben – zur feierlichen Einweihung die Glocken aller evangelischen Kirchen, aber keine einzige katholische. Der Einweihungsgottesdienst – noch unglaublicher – wurde in der evangelischen Trinitatiskirche gefeiert.

Wie konnte es so weit kommen?

Dafür müssen wir rund 100 Jahre zurück blicken. Systematisch hatte die katholische Kirche die Errungenschaften der Aufklärung und der Französischen Revolution und deren Verankerung im Bewusstsein der Bevölkerung bekämpft. Rationalismus, Humanismus und Liberalismus sah sie als Frontalangriff auf ihre Deutungshoheit und Herrschaft über das Denken der Christenheit. Eine aggressive Gegenstrategie, die besonders durch die Jesuiten vorangetrieben wurde, setzte ein. Dabei war der Hauptgegner im Rheinland, das durch den Wiener Kongress 1815 Preußen zugeschlagen wurde, das preußische Herrschaftshaus unter den protestantischen Hohenzollernkönigen.

Ein erster, aber für die rheinischen Katholiken wichtiger Knackpunkt war die Erziehung von Kindern aus sogenannten Mischehen. Der preußische Staat hatte festgelegt, dass das Kind aus solchen Beziehungen nach dem Glaubensbekenntnis des Vaters erzogen werden müsse.

Der Kölner Erzbischof August von Spiegel (1825-1835) hatte sich mit der preußischen Herrschaft im Rheinland und deren Erlassen und Verordnungen arrangiert. In einer Geheimabsprache des Kölner Erzbischofs mit Berlin im Juni 1834 hatte sich von Spiegel bereit erklärt, das Kind bei der Taufe nicht auf den Katholizismus zu verpflichten, sondern dies offen zu lassen. Als er am 2. August 1835 starb und als Nachfolger vom Domkapitel der vom preußischen König vorgeschlagene Clemens August Freiherr Droste zu Vischering am 1. Dezember 1835 gewählt wurde, wehte ein anderer Wind aus dem Erzbistum Köln.

Der neue Erzbischof fuhr eine harte Linie gegen die preußische Herrschaft. Er bestärkte die rheinischen Katholiken darin, sich nicht der preußischen Staatsraison zu unterwerfen. Trotz eines Konkordats zwischen Staat und Papst, das akzeptierte, dass Kinder aus interkonfessionellen Ehen die Religion des Vaters annahmen, hetzte der Erzbischof die rheinischen Katholiken auf, gegen diese päpstliche Vereinbarung zu handeln. Er sah diese im Konkordat akzeptierte Regelung als Angriff, das Rheinland zu »protestantisieren« – trotz mehrfacher Warnungen durch die preußische Verwaltung, die Konfrontation zu unterlassen, ließ er nicht davon ab. Er wiegelte die Bevölkerung und die ihm unterstellten Kleriker weiter gegen sie auf. Der Erzbischof suchte die Machtprobe – und verlor.

Am 20. November 1837 umstellte preußisches Militär das erzbischöfliche Palais. In prominenter Besetzung warteten die Vertreter des Staates im Palast auf. An der Spitze der Oberpräsident der Rheinprovinz, von Bodelschwingh, gefolgt vom Regierungspräsidenten und dem Kölner Oberbürgermeister Steinberger, marschierten sie um 18 Uhr in das Arbeitszimmer des Erzbischofs. Sie verlasen ihm die Königliche Kabinettsordre, die ihn entweder zum freiwilligen Rückzug nach Münster aufforderte, ansonsten werde er zwangsweise durch das Militär in die Festung Minden verbracht. Wegen der Uneinsichtigkeit des Erzbischofs geschah dann Letzteres. Nach seiner Haftentlassung 1839 wurde ihm das Betreten seiner Erzdiözese verboten. Er starb im Oktober 1845, ohne jemals wieder Kölner Boden betreten zu haben.

Die Kölner Bevölkerung nahm es anfangs gelassen hin. Erst als der Chefideologe der rheinischen Katholiken, Joseph Görres, in einer Streitschrift das Verhalten des preußischen Staates brandmarkte, gab es kleinere Unruhen.

Am 24. September 1841 übernahm vorerst als Koadjunktor Johannes von Geissel die Amtsgeschäfte des Kölner Erzbischofs. Nach Clemens Augusts Tod 1845 wurde er offiziell sein Nachfolger. Er arrangierte sich mit dem preußischen Staat. Dies erleichterte ihm auch der neue König Friedrich Wilhelm IV., der Frieden mit der katholischen Kirche im Rheinland anstrebte und zusagte, in der Mischehenfrage nicht weiter zu intervenieren. Außerdem wollte von Geissel nicht den vom preußischen König zugesicherten Weiterbau des Doms gefährden.

Dieser Frieden wurde bald gestört durch den neuen Papst Pius IX. (1846-1878). Der schwang sich von Anfang an zum Verfechter der »unfehlbaren Autorität« des Papstes auf (zit. nach Wehler, Gesellschaftsgeschichte, 3. Band, S. 385). Bis 1871 forcierte er dramatisch den Ausbau der päpstlichen Diktatur, für die der Begriff »Ultramontanismus« geprägt wurde. Darin wurden die programmatischen Ziele festgelegt, wonach die päpstliche Monokratie die einzige und zudem unanfechtbare Entscheidungsinstanz der römischen Weltkirche war. Der neue Kölner Erzbischof Paul Melchers (1866-1885) wurde einer seiner glühendsten Anhänger.

Von Anfang an drängte Pius IX. auf die Verkündung eines Mariendogmas. Auf einem Konzil im Dezember 1854 gelang es ihm, das Dogma der »unbefleckten Empfängnis« Marias zu verkünden. Dies hat zwar keine Basis in der biblischen Überlieferung, hatte sich aber über Jahrhunderte im Volksglauben tradiert. Das war eine krasse Diskriminierung aller Mütter, die selbst nur zu einer »befleckten Empfängnis« in der Lage waren. Nur durch ein Reinigungsritual der katholischen Kirche waren sie von dem Makel zu befreien – eine weitere Stigmatisierung der Frauen durch die Kirche und somit zugleich eine Gegenwehr in Richtung der aufkeimenden Frauenbewegung.

Auch in Köln wurde die Dogmatisierung der »unbefleckten Empfängnis« Marias zum Thema. Seit 1854 betrieb der Erzbischof die Aufstellung einer Mariensäule auf öffentlichem Grund. Der liberale Kölner Stadtrat lehnte dies jedoch ab und bestand auf einer Platzierung auf kirchlichem Grund. Die Stadt setzte sich durch und so wurde am letzten Tag des erstmals in Köln stattfindenden Katholikentages, dem 8. September 1858, eine Mariensäule gegenüber dem erzbischöflichen Palais eingeweiht.

Der nächste Schlag von Pius IX. war die nach längerer Kontroverse im Dezember 1864 erlassene Enzyklika »Quanta Cura« mit ihrem Anhang »Syllabus Errarum«. In ihm waren 80 »Zeitirrtümer« (Wehler, 3. Band, S. 387) unter zehn Sachpunkten zusammengestellt. Es war eine vernichtende Abrechnung mit dem modernen Kultur- und Staatswesen. Verworfen wurden unter anderem der Naturalismus, die Gleichstellung der Religionen durch den Indifferentismus, der Liberalismus, der Kommunismus und Sozialismus. Dem Staat wurden alle Rechte abgesprochen, kirchliche Rechte auch in weltlichen Bereichen zu beschränken. Alle Fürsten, selbst die nicht katholischen, sollten der Jurisdiktion der Kirche unterworfen werden. Die Leitung der öffentlichen Schulen sollte dem Staat prinzipiell verboten werden. Der Kölner Erzbischof Melchers vertrat diese Positionen offensiv in seiner Erzdiözese.

Auf diese Politik reagierte der preußische Staat, sah er doch seine auf Rationalität ausgerichtete Politik der Staatslenkung gefährdet. Von 1871 bis 1874 erließ er mehrere Gesetze, die das staatliche Gemeinwesen betrafen, die staatliche Schulaufsicht, die Regelung des Kirchenaustritts, die Zivilehe als einzig gültige, die Staatsaufsicht über die Kirche. Außerdem verabschiedete er Gesetze, die in kirchliche Angelegenheiten eingriffen, so das Verbot der unberechtigten Kritik am Staat, das Verbot des Jesuitenordens, die gesetzliche Regelung des Priesterstudiums, das Verbot des Kirchenbanns und die Regelung über die Einstellung von Priestern. Die katholische Kirche reagierte. Die Fuldaer Bischofskonferenz von 1873 wie auch Papst Pius IX. riefen zum Widerstand gegen diese Gesetze auf. Auch Erzbischof Melchers schlug schärfere Töne gegenüber den Preußen an. Als 1874 das 1. Vatikanische Konzil auch noch die Unfehlbarkeit des Papstes verkündete, fühlte er sich in seiner Starrsinnigkeit bestärkt.

Er weigerte sich, die preußischen Gesetze umzusetzen. Nun wurde er mit Geldstrafen belegt. Als er sich dagegen wehrte, diese zu bezahlen, wurde er mit einer gerichtlich verhängten Geldstrafe belegt. So wurden die Möbel seines Arbeitszimmers gepfändet. Weil Melchers sich weiterhin gegen die Anordnungen der Behörden stemmte, wurde er am 31. Mai 1874 verhaftet. In diesen Jahren war die Hälfte der Bischöfe in Haft. Als Melchers im Oktober 1874 entlassen wurde und sich weigerte, sein Amt niederzulegen, floh er, um einer weiteren Verhaftung zu entgehen, in die Niederlande. Der preußische Staat beschlagnahmte das Vermögen des Generalvikariats, löste es auf und stellte die Erzdiözese unter die Verwaltung des preußischen Staates. Frei werdende Priesterstellen konnten nicht mehr besetzt werden.

Der preußische Staat schuf weitere Fakten. So wurde auf Geheiß der Regierung die Kölner Verwaltung beauftragt, das Schulwesen unter staatlicher Aufsicht neu zu organisieren. Es gab nun keine Pfarrschulen mehr, sondern ausschließlich Bezirksschulen. Schulinspektoren waren nun nicht mehr – wie bisher – die katholischen Pfarrer, sondern zumeist protestantische Honoratioren.

Am 24. November 1875 wurde das katholische Priesterseminar in Köln geschlossen. Bis 1877 wurden im Erzbistum Köln 94 Ordensniederlassungen aufgehoben, 123 von 813 Pfarrstellen blieben unbesetzt, ein Großteil der Pfarrer erhielt kein Gehalt, da das gesamte Kirchenvermögen beschlagnahmt worden war.

Ab 1878 näherten sich katholische Kirche und die preußische Staatsverwaltung wieder an. Bismarck brauchte nun das Zentrum – die politische Vertretung der Katholiken –, um gegen die Sozialdemokraten vorzugehen. Dies war auch deshalb möglich, weil nach dem Tode von Papst Pius IX. dessen Nachfolger Leo XIII. an einer Entkrampfung des Verhältnisses interessiert war, insbesondere im gemeinsamen Kampf gegen die Sozialdemokratie (eine Interessenüberschneidung, die sich auch in der NS-Zeit wieder zeigte).

Die Kurie erkannte einen Teil der Gesetze von 1871 bis 1874 an, ein anderer Teil wurde abgeschwächt. Ab 1881 wurden die vakanten rheinischen Bischofsstühle – in Absprache mit der preußischen Regierung – wieder besetzt. Auch der von Köln.

Neuer Erzbischof in Köln war ab 1885 Philipp Krementz, der sich auch vor Ort mit den Preußen arrangierte.

Aber 1880 beim Fest der Domvollendung war in Köln kein Erzbischof im Amt. Und so boykottierten die katholischen Kleriker Kölns dieses Fest.

Episode 12

Der Dom in der Nazizeit – oder: von gegenseitiger Unterstützung

Vor der Machtübertragung an die Nazis stand die katholische Kirche deren Ideologie skeptisch gegenüber. Das zeigte sich auch in den Wahlergebnissen der NSDAP in katholischen Gegenden. Sie lagen traditionell unter denen im Reichsdurchschnitt.

In einem gab es jedoch erhebliche gemeinsame Interessen zwischen Nazis und Klerus: in der Anstrengung, sozialdemokratische und kommunistische Ideen bzw. Organisationen zu vernichten. So war es auch für den Vatikan 1933 und in den Folgejahren vorrangig, die »atheistisch-bolschewistische Gefahr« im Osten zu beseitigen (zit. nach Groß, S. 17).

Schon beim ersten Geheimtreffen zwischen Franz von Papen und Hitler zur Vorbereitung seiner Kanzlerschaft am 4. Januar 1933 in Köln, in der Villa des Bankiers Schröder, sagte von Papen Hitler die Unterstützung des Papstes zu, wenn Hitler als Gegenleistung die Vernichtung der kommunistischen und sozialdemokratischen Ideen garantierte. Außerdem musste Hitler ein Reichskonkordat zwischen dem Papst und dem NS-Staat zusagen. Bekräftigt wurde dies noch einmal bei der Abstimmung zum Ermächtigungsgesetz am 23. März 1933 durch die katholische Partei, das Zentrum, die als Voraussetzung für ihre Zustimmung Hitlers Zusage für das Reichskonkordat erhielt. In einem geheimen Zusatzprotokoll des Reichskonkordats vom 20. Juli 1933 zwischen Hitler und dem Papst stimmte letzterer der Wiederaufrüstung Deutschlands – gegen die Bestimmungen des Versailler Vertrags – zu.

Nach dieser Übereinkunft brachen die Dämme im katholischen Bevölkerungsteil Deutschlands. Wenn schon der Papst und die katholische Partei mit den Nazis paktieren, konnte man ja als Katholik schlecht gegen die Nazis sein.

Die katholische Kirche sah es als ihr Ziel an, eine wohlwollende Toleranz und Akzeptanz gegenüber der NS-Herrschaft in der Katholikenschaft zu verankern. Es galt nun die Parole: »Gott erhalte unserem Volk den Reichskanzler« Adolf Hitler (zit. nach Groß, S. 17). Eine Woche nach der Eröffnung des Reichstags und wenige Tage nach dem Ermächtigungsgesetz, in dem grundlegende Teile der Weimarer Verfassung außer Kraft gesetzt wurden, ließen die katholischen Bischöfe auf einer Kundgebung verlautbaren, dass die erlassenen Verbote und Warnungen notwendig seien.

Nach dem Reichskonkordat im Juli 1933 versicherte der deutsche Episkopat: »Dem großen Führer unseres Volkes versichern wir, … dass die Katholiken freiwillig und aus edelsten Motiven zur Mitarbeit bereit seien, … auch … gern zu Geländesport und Wehrertüchtigung.« So waren die »Ziele der Reichsregierung … schon längst die Ziele unserer katholischen Kirche. Es ist unsere Pflicht mitzuarbeiten.« Dem Reichskanzler schrieben die Bischöfe: »Was die alten Parlamente in 60 Jahren nicht fertigbrachten, hat Ihr staatsmännischer Weitblick in sechs Monaten weltgeschichtlich verwirklicht.« (zit. nach Deschner, S. 50 ff.)

Obwohl schon beim sogenannten »Boykotttag« am 1. April 1933 viele Juden misshandelt wurden, waren die deutschen Bischöfe nicht bereit, sich in dieser Angelegenheit für die deutschen Juden einzusetzen.

Auch in Köln waren der Einfluss der Nazis und die gute Zusammenarbeit mit dem Klerus präsent. Hans Güldenpfennig, Dombaumeister von 1927 bis 1944, war den Nazis nicht abgeneigt, er wäre sonst auch nicht in seinem Amt verblieben. Schon zu Beginn der NS-Zeit ließ er mehrere Hakenkreuze aus Stein meißeln, die oben an der Balustrade unter dem Domdach weithin sichtbar angebracht wurden. Sie hätten nach 1945 leicht entfernt werden können, aber sie hängen dort noch heute.

Die Ergebenheitsadressen der Erzbischöfe gegenüber dem NS-Regime nahmen zu. In einer Denkschrift der Fuldaer Bischofskonferenz von 1935 wurde in Art. 30 formuliert, dass an allen Sonn- und Feiertagen im Anschluss an den Hauptgottesdienst für »das Wohlergehen« Nazideutschlands gebetet werden sollte. In Art. 16 heißt es, dass die Bischöfe »Vor Gott und auf die heilige Evangelien …« ein Treueeid zu leisten und »jeden Schaden« gegenüber dem Dritten Reich nach Möglichkeit »zu verhüten« hätten (zit. nach Deschner, S. 47 f.).

Am 20. August 1935 bescheinigten die deutschen Bischöfe Adolf Hitler, dass der Heilige Vater »das moralische Ansehen Ihrer Person und Ihrer Regierung in einzigartiger Weise begründet und gehoben« hat (zit. nach Deschner, S. 48). Der Heilige Stuhl war zum Freund eines Massenmörders geworden.

Wer jetzt noch gegen den Nationalsozialismus kämpfe – so die herrschende Lehrmeinung der katholischen Kirche in Deutschland, geriet in den Verdacht, gegen die höchste kirchliche Autorität aufzutreten, er wurde als Fanatiker verschrien. Das brach manchem aufrechten und widerständigen Katholiken das Genick.

Seit 1933 wandten sich über 10.000 verzweifelte Menschen – zumeist zum Katholizismus konvertierte Juden – in Bittbriefen an den Papst, wie im päpstlichen Archiv noch heute ersichtlich. Darin baten diese Menschen um Unterstützung – zumeist finanzieller Art – um aus Nazideutschland fliehen zu können. Nur die wenigsten erhielten Hilfe.

Aufgrund der päpstlichen Archivalien ist erwiesen, dass Papst Pius XII. von Anfang an über die Judenverfolgung bzw. die Shoah informiert war.

Die herrschende Meinung unter den Klerikern zur »Judenfrage« formulierte der Limburger Bischof in einem Fastenbrief: »Das jüdische Volk ist des Gottesmordes schuldig und steht seit dem Tag der Kreuzigung unter dem Fluch.« (zit. nach Groß, S. 30)

Der Kölner Erzbischof Karl Joseph Schulte (1920-1941) war einer der glühendsten Befürworter des neuen Systems. Zu Hitlers rundem Geburtstag im April 1939 gratulierte Schulte ihm mit folgenden Worten: »Unsere Treue zum Deutschen Reich und seinem Führer haben wir soeben an dessen 50. Geburtstag noch einmal feierlich bekundet.« Zwei Jahre später setzte er noch einen drauf: »Zu den großen Männern gehört unstreitig der Mann, der heute seinen 52. Geburtstag feiert – Adolf Hitler« (zit. nach Groß, S. 41).

Mit Beginn des Zweiten Weltkriegs wurden die Reaktionen der Bischöfe noch euphorischer. Dies zeigt das Hirtenwort vom 4. September 1939, in dem sie zum Gehorsam gegenüber dem Führer aufriefen und zu einem eifrigen Gebet für einen guten Ausgang des Krieges, »dass Gottes Vorsehung den ausgebrochenen Krieg zu einem für Vaterland und Volk segensreichen Erfolg und Frieden führen möge« (zit. nach Strom, S. 86). Nach der Niederlage Polens feierten alle Bischofszeitungen begeistert den Sieg Hitlers. In Köln läuteten alle Glocken der katholischen Kirchen und des Doms sieben Tage lang hintereinander zwischen 12 und 13 Uhr.

Nach dem Überfall auf Frankreich und dessen Niederwerfung im Mai/Juni 1940 wies der Papst den deutschen Episkopat an, in allen Kirchen Dankgottesdienste für den Führer zu halten. Die deutschen Bischöfe priesen die Deutsche Wehrmacht überschwänglich für den Sieg. Sie ließen wiederum zur Mittagszeit eine Woche lang die Kirchenglocken läuten und zehn Tage lang die Fahne hissen.

Vier Tage nach dem Angriff auf die Sowjetunion im Juni 1941 beschlossen alle deutschen Bischöfe eine Ergebenheitsadresse an Hitler, der damit »dem heiligen Willen Gottes folgt« (zit. nach Deschner, S. 224).

Der katholische Militärbischof rief 1942 den Soldaten zu, dass sie im stolzen Vertrauen auf den Führer und Obersten Befehlshaber der Wehrmacht auf jener Straße weitermarschieren sollten, die zum Endsieg führt. Der Breslauer Kardinal formulierte es noch drastischer: Deutschland kämpfe »einen heiligen Kampf, der nicht geht um die bloße Wiedereroberung und den Wiederbesitz entrissener Gebiete, sondern um das Höchste auf Erden, um ein Leben nach Gottes Geheiß« (zit. nach Deschner, S. 171).

Bis in die letzten Kriegstage hinein wurden die Katholiken in zahlreichen Hirtenbriefen, die auch von der Kanzel des Kölner Doms verlesen wurden, immer wieder eindringlich zum Kämpfen aufgefordert.

Die zunehmende Judenverfolgung wurde auch in Rom in allen Einzelheiten bekannt. Aber der Papst reagierte nicht. Der deutsche Botschafter beim Vatikan, Ernst von Weizsäcker, schrieb 1943 in einem Brief an das Auswärtige Amt in Berlin 1943: »Der Papst hat sich«, obwohl er informiert war, »zu keiner demonstrativen Äußerung gegen den Abtransport der Juden hinreißen lassen« (zit. nach Süddeutsche Zeitung, 15.5.2020). Selbst als am 16. Oktober 1943 vor den Augen des Papstes eine Massenverhaftung von Juden stattfand und 1.007 von ihnen nach Auschwitz verschleppt und ermordet wurden, protestierte der Heilige Vater nicht dagegen.

Auch ein Kölner Fall zeigt drastisch, wie die katholische Kirche sich dem Schutz von Juden entzog und ihre Deportation ermöglichte. Die Jüdin Edith Stein, geb. 1891, studierte die Fächer Philosophie, Geschichte und Deutsch und promovierte 1916. 1922 konvertierte sie zum Katholizismus und ließ sich taufen. Sie trat 1933 in Köln in den Karmeliterorden ein. Nach der Reichspogromnacht 1938 bat sie um die Versetzung in ein niederländisches Karmel im Ort Echt. Als die Nazis nach der Besetzung der Niederlande die dortige Bischofskonferenz um die Benennung der zum Katholizismus Konvertierten aufforderten, protestierte diese öffentlich gegen die Judenverfolgung und wehrte sich gegen das Ansinnen, die

Konvertierten den Nazis namentlich zu nennen. Dadurch waren diese Menschen – und somit auch Edith Stein – weiter geschützt. Ganz anders die deutsche Bischofskonferenz. Sie arbeitete eng mit den Nazis zusammen und kooperierte auch bei der Suche nach in den Niederlanden untergetauchten Konvertiten. Dies führte u.a. zur Verhaftung von Edith Stein am 2. August 1942. Sie wurde am 7. August nach Auschwitz transportiert und dort am 9. August 1942 mit Gas ermordet.

Noch im 21. Jahrhundert warf die deutsche Bischofskonferenz der des Nachbarlands vor, durch ihre konsequente Haltung erst die harte Reaktion gegenüber den Konvertiten hervorgerufen zu haben und somit für deren Tod mitverantwortlich zu sein. Perfider geht es nicht!

Die katholische Kirche hat keinen Widerstand gegen das NS-Regime organisiert. Es gab keinen katholischen Widerstand. Aber wie ging der Klerus mit den widerständigen Katholiken um? Schon 1935 versicherte die Fuldaer Bischofskonferenz in einer Denkschrift Hitler ihre Position: »Wir lehnen jede staatsfeindliche Handlung oder Haltung von Mitgliedern strengstens ab. ... Wer heute in das Vereinsleben ... regierungsfeindliche Strömungen leiten wollte, müsste unnachsichtig aus den Vereinen entfernt werden« (zit. nach Deschner, S. 62). Damit wurde jedem kirchlichen Widerstand gegen das NS-Regime der Boden unter den Füßen weggezogen. Die katholische Kirche versuchte alles, um kritische Kirchenleute von der Opposition gegen Hitler abzuhalten. Schon vorher wurde ihnen signalisiert, dass sie auf keinerlei Unterstützung durch den Klerus hoffen könnten.

Das wurde Bernhard Letterhaus und Nikolaus Groß zum Verhängnis. Beide hatten schon 1933 gegen das Ermächtigungsgesetz protestiert. Beide waren auch im Umfeld des Attentats auf Hitler am 20. Juli 1944 aktiv. Nikolaus Groß musste ab 1940 Verhöre und Hausdurchsuchungen über sich ergehen lassen. Nie erhielt er dabei Unterstützung durch die Kirche. Nach dem Attentat wurden beide am 12. August 1944 verhaftet und zunächst ins Gefängnis Ravensbrück, dann ins Zuchthaus Berlin-Tegel gebracht. Dort wurden sie mehrfach gefoltert. In den fünf Monaten ihrer Haft gab es kein einziges Zeichen vom Kölner Kardinal Frings (1942-1969) oder des Generalvikariats von Köln zur Unterstützung, obwohl sie händeringend von den Familien darum gebeten wurden. Elisabeth Groß, Mutter von sieben Kindern, erhielt in dieser schweren Zeit von keinem Bischof ein Zeichen christlicher Verbundenheit. Es wurde dem NS-Regime sogar signalisiert, dass die Bischöfe weder Verständnis für deren Handeln noch Zustimmung geäußert hätten. Die Kirche hatte mit dem Widerstand nichts zu tun.

Auch als der Papst gebeten wurde, sich für die inhaftierten katholischen Widerständler einzusetzen, verweigerte Nuntio Orsingo, Vertreter des Vatikans in Deutschland und ein glühender Verehrer des NS-Systems, sich irgendwie für die Verfolgten einzusetzen. Diese wurden am 23. Januar 1945 in Berlin-Plötzensee erhängt.

Die katholische Kirche rechtfertigte ihr Handeln – richtigerweise Nichthandeln – gegenüber den Verfolgten Groß, Letterhaus u. a. damit, dass »angesichts der brutalen Reaktion der Staatssicherheitsorgane die Befürchtung nicht von der Hand zu weisen sei, dass jedes offizielle Gnadengesuch der Kirche die Lage der Gefangenen nur verschlimmern werde«, so der Generalvikar Davids (zit. nach von Hehl, S. 236). Er berief sich dabei ausdrücklich auf das Rundschreiben des Kölner NS-Regierungspräsidenten vom 31. Juli 1944, der allen Behörden untersagte, sich für »Volksschädlinge« einzusetzen.

Aber auch nach 1945 ging die Unterstützung von Nazi-Größen durch den Kölner Kardinal Frings und den Domdechanten Robert Grosche weiter. Sie taten alles, um belastete ranghohe Nazis sogenannte Persilscheine auszustellen.

Ein besonders eklatantes Beispiel war der hohe NS-Würdenträger Dr. Paul Börger. Dieser war von 1935 bis 1945 Schulleiter an der städtischen Oberrealschule in der Schaurtestraße in Köln-Deutz und ein hoher Funktionär des Nationalsozialistischen Lehrerbundes (NSLB). Er war Leiter der Abteilung »Erziehung und Unterricht« im NSLB-Gau Köln-Aachen.

Durch den Domdechanten ließ er sich bestätigen, nach dem Bombenangriff auf den Nordturm des Doms, diesen durch den Einsatz seines Pionierbataillons gerettet zu haben. Dies war nachweislich falsch. Hinzu kam, dass der bescheinigende Domdechant zu dem Zeitpunkt nicht in Köln war.

Der Kölner Kardinal gab allen Katholiken in seinem Erzbistum Generalabsolution. So sagte Frings am 2. Oktober 1946: »Wir deutschen Katholiken waren keine Nationalsozialisten« (zit. nach Groß, S. 83).

Zugleich setzte sich Frings auch für verfolgte NS-Größen ein. So intervenierte er bei den Alliierten zwecks Freilassung des SS-Obersturmbannführers Kurt Hans, der mitverantwortlich für die Ermordung von 33.770 Juden im September 1941 in Babyn Jar (Polen) war.

Die deutschen Bischöfe schafften es auch, viele Kriegsverbrecher und Mitverantwortliche des Völkermords zusammen mit dem Vatikan außer Landes zu bringen – zumeist nach Südamerika – und sie, ausgestattet mit falschen Papieren, einer Bestrafung zu entziehen.

Nazi-Gegner waren die Kölner Erzbischöfe in der NS-Zeit nie.

Episode 13

Kardinal Frings als Spalter der Gewerkschaftsbewegung

Eine Lehre hatten die Gewerkschafter in den Konzentrationslagern wie auch im Exil aus der Nazizeit gezogen: Eine Zersplitterung der Gewerkschaften in sozialdemokratische, kommunistische und christliche Gewerkschaftsorganisationen durfte es nie wieder geben. Das in der Weimarer Republik bestehende System der Richtungsgewerkschaften, die sich entlang der Parteilinien orientierten, war mit ein Grund dafür, dass sich die Nazis in der Bevölkerung und auch in den Betrieben so schnell festsetzen und damit einen so hohen Zustimmungsgrad quer durch alle Bevölkerungsschichten erlangen konnten. Eine gemeinsame Abwehr gegen die Faschisten war aufgrund der Spaltung der Arbeiterbewegung in Deutschland nicht möglich gewesen. Als man sich der Einheit besann, war es schon zu spät. Viele Gewerkschafter und Gewerkschafterinnen waren da schon geflohen, von den Nazis ermordet worden oder saßen in Haft.

Dort beschworen die einsitzenden und geflohenen Gewerkschafter die Einheit. Nach der Befreiung vom Faschismus wollten sie sich alle dafür einsetzen.

Es gab auch einen inhaltlichen Konsens unter den verschiedenen Richtungsgewerkschaftern: Man wollte sich gegen jeden Krieg, gegen die Militarisierung und gegen jede Aufrüstung einsetzen und die Demokratisierung der Wirtschaft verwirklichen. Diese drei Ziele schlugen sich auch in der ersten Nachkriegsprogrammatik von SPD, KPD und auch – siehe das Ahlener Programm (1947) – CDU nieder.

In allen Nachkriegsgewerkschaftsvorständen waren deshalb die drei politischen Richtungen vertreten, vor Ort wie auch auf den Ebenen der Besatzungszonen.

Aber schon Ende 1945 gab es auf Initiative des Kölner Erzbischofs Frings Versuche, die Gewerkschaftsbewegung zu spalten und christliche Gewerkschaften zu gründen. Doch sie stießen damals bei keiner Partei, noch weniger bei der gerade neu gegründeten Einheitsgewerkschaft auf Resonanz. Auf einer im Februar 1946 nach Düsseldorf einberufenen Konferenz christlicher DGB-Gewerkschafter herrschte Einigkeit darüber, keine christlichen Gewerkschaften zu gründen, sondern in der Einheitsgewerkschaft mitzuarbeiten.

Immer wieder gab es jedoch Versuche, die Gewerkschaftsbewegung zu spalten. So riefen Kardinal Frings, Erzbischof von Köln, und die Bischöfe von Aachen und Münster am 6. Februar 1947 dazu auf, nur christliche Kandidaten bei den Betriebsratswahlen zu unterstützen. Dem setzte die Einheitsgewerkschaft immer wieder den Ruf nach Einigkeit entgegen. So war der Hauptredner auf der Kölner Maikundgebung 1949 auf dem Heumarkt der nordrhein-westfälische CDU-Ministerpräsident Karl Arnold.

Eine erste große Belastungsprobe war die paritätische Mitbestimmung in großen Industriebetrieben und Kapitalgesellschaften. Wirtschaftsminister Ludwig Erhard und Bundeskanzler Konrad Adenauer (beide CDU) lehnten diese Forderung vehement ab. Erhard äußerte sich sogar sehr drastisch: »Mitbestimmung ist Quatsch« (zit. nach Fuhrmann, S. 173). Erst die Androhung eines Generalstreiks, der von den Kolleginnen und Kollegen aller politischen Richtungen getragen wurde, erzwang wenigstens die Einführung der Mitbestimmung im Montanbereich durch einen Bundestagsbeschluss vom 10. April 1951.

Als 1952 das Betriebsverfassungsgesetz, das den öffentlichen

Dienst ausschloss, gegen den erbitterten Widerstand des DGB und auch seiner christlich orientierten Mitglieder verabschiedet wurde, war das Verhältnis zwischen DGB und CDU zerrüttet.

Auf Vorschlag des Kölner Erzbischofs Frings trafen sich Ende 1952 christliche Kollegen, Vertreter der Katholischen Arbeiterbewegung (KAB), des Kolpingwerks und anderer christlicher Standesorganisationen, um eine gemeinsame Strategie gegen den DGB und die ihrer Meinung nach dort vorhandenen »sozialistischen Tendenzen« zu entwickeln. Die CDU-Sozialausschüsse waren vehement dagegen und versuchten schlichtend einzugreifen. In einer Landeskonferenz im Dezember 1952 erteilten sie allen Spaltungstendenzen eine Absage. Doch Frings ließ sich nicht beirren.

Zum Bundestagswahlkampf 1953 gab der DGB den Aufruf »Wählt einen besseren Bundestag« heraus, weil man mit der jetzigen Bundestagsmehrheit von CDU und FDP keine weiteren Mitbestimmungsrechte gesichert bekam – und auch, weil die Bundesregierung eine Wiederbewaffnung anstrebte, die der DGB quer durch alle politischen Richtungen vehement ablehnte.

Schon im Januar 1954 sollte die neue christliche Richtungsorganisation gegründet werden. Aber man war sich noch zu uneinig.

Als der 3. Ordentliche Bundeskongress des DGB im Oktober 1954 in Frankfurt mit großer Mehrheit – gemäß dem Grundsatzprogramm des DGB, das damals einstimmig von allen politischen Richtungen verabschiedet wurde – eine Ablehnung des Wehrbeitrages der BRD beschloss, wurden Gründungsinitiativen für eine christliche Gewerkschaft mit finanzieller Unterstützung vieler christlicher, katholischer und CDU-Vereine in die Wege geleitet.

Am 30. Oktober 1955 wurde in Essen die »Christliche Gewerkschaftsbewegung« gegründet. Treibende Kräfte waren insbesondere Kardinal Frings und Konrad Adenauer. Der Schwur der Gewerkschafter aus den KZs und dem Exil, sich niemals wieder trennen zu lassen, wurde auf den Müllhaufen der Geschichte entsorgt.

NRW-Ministerpräsident Karl Arnold (CDU) lehnte in einem Radiointerview eine Woche später diese Neugründung ab. Auch der Bundeskongress der CDU-Sozialausschüsse distanzierte sich am 5. November 1955 von dieser Richtungsgewerkschaft. Bis heute hat diese Spalterorganisation mit ihren Untergliederungen im Übrigen wenig Einfluss auf die Arbeitnehmerschaft Deutschlands.

Als Kardinal Frings in seiner Maiansprache 1957, die von allen Kanzeln der Bundesrepublik verkündet wurde, wiederum für die Christliche Gewerkschaftsbewegung Deutschlands – diesmal im Namen der Bischofskonferenz – warb, regte sich Widerstand im christlichen Lager. Über hundert christliche Spitzengewerkschafter übten scharfe Kritik an der bischöflichen Erklärung.

Welche Ziele diese neue Richtungsgewerkschaft verfolgte, äußerte öffentlich deren Beiratsvorsitzender Bernd Winkelheide am 23. November 1955 in einer Rede vor dem Rhein-Ruhr-Klub, einer Vereinigung von Wirtschaftsführern in Düsseldorf:

1. den DGB zu neutralisieren,
2. die sozialen Rechte ihrer Mitglieder zu sichern und
3. als Endziel, die Neuordnung der Gesellschaftsformen in christlicher Sicht durchzusetzen.

An erster Stelle stand die Schwächung des DGB, und erst dann kam die Interessenvertretung der Mitglieder. Deutlicher konnten sie sich als Spalterorganisation nicht entlarven.

Kardinal Frings hatte einen wesentlichen Anteil daran.

Episode 14

Entsorgung der Geschichte – Die Domplombe muss weg

Am 3. November 1943 schlug eine Fliegerbombe in den Nordturm des Kölner Doms ein. Die Kathedrale drohte einzustürzen. Schnelles Handeln war gefragt. Aus den Dokumenten der Dombauhütte ist zu ersehen, dass der damalige Dombaumeister alles daran setzte, eine sofortige Rettungsmaßnahme einzuleiten. Mit Genehmigung von NS-Bürgermeister Brandes schaffte er es, 27.000 Ziegelsteine zu organisieren und einen Ehrenfelder Maurermeister mit der Sicherung des Doms zu beauftragen. Innerhalb von vierzehn Tagen gelang es ihm, durch aufwändige Arbeiten mit vier Maurern, zehn Kriegsgefangenen und 15 KZ-Häftlingen mittels einer Plombe den Nordturm vor dem Einsturz zu bewahren. Soweit die Tatsachen.

»Alternative Fakten« tauchten zum 20. Januar 1947 auf, als der damalige Dombaumeister Willy Weyres dem zwangspensionierten Schulleiter Dr. Paul Börger bescheinigte, »dass er als Kommandant des Pionier-Ausbildungsbataillons 253 in Köln-Westhoven im Jahre 1943 Baukräfte zur Verfügung stellte, um die durch schwere Bombentreffer am Nordturm des Kölner Doms entstandene Gefahrenquelle zu untermauern« (zit. nach Dietmar, Mythen, S. 116 f.). Er tat dies angeblich sogar gegen die Anordnung des Generalkommandos auf eigenes Risiko.

Das Pikante an der Angelegenheit ist, dass der genannte Dombaumeister Weyres, der Börger die Bescheinigung ausgestellt hatte, erst ab November 1944 – also ein Jahr nach dem Vorfall – Dombaumeister wurde (zunächst kommissarisch). Er konnte daher nichts aus eigenem Erleben schildern, da er zu dem Zeitpunkt nicht in Köln weilte.

Was war der Hintergrund für diese Falschaussage?

Es lag wohl an der Rolle Dr. Paul Börgers, der von 1935 bis 1945 Schulleiter am Köln-Deutzer Gymnasium Schaurtestraße war. Außerdem war er hoher Funktionär des Nationalsozialistischen Lehrerbundes (NSLB) und Leiter der Abteilung »Erziehung und Unterricht« im NSLB-Gau Köln-Aachen gewesen. Ein überzeugter Nazi, der in brauner Amtswalteruniform zum Unterricht erschien, den Beginn des Unterrichts mit dem Gruß »Heil Hitler« absolvierte und die Schüler das Horst-Wessel-Lied absingen ließ.

Er war nach dem Krieg bei der evangelischen Landeskirche in Düsseldorf als Pfarrer untergeschlüpft, da er wegen seiner Nazi-Verstrickung damals nicht in den Schuldienst konnte. Das war üblich bei der evangelischen Kirche: Theologen, die Dreck am Stecken hatten, erst einmal mit einer Pfarrstelle abseits ihres früheren Wirkungsorts zu versorgen, um ihnen ein Überwintern zu ermöglichen. Ab 1947 versuchte Börger, wieder in den Schuldienst zu kommen. Um dies vorzubereiten, benötigte er entsprechende »Persilscheine«. Einen stellte der katholische Dombaumeister Weyres bereitwillig aus. Somit bewarb Börger sich schon 1948 um eine Schulleiterstelle in Köln, die ihm aber wegen seiner NS-Vergangenheit – noch – verwehrt wurde.

Der Hintergrund des Persilscheins war, dass die Gefahr zur damaligen Zeit groß war, dass nicht belastete ehemalige Lehrer, die von den Nazis entlassen worden waren, nun als Unbelastete in Leitungsfunktionen von Schulen drangen. Darunter waren auch Kommunisten und Sozialdemokraten. Das galt es zu verhindern. Das sah die katholische Kirche wohl ähnlich und half nicht nur den hohen NS-Funktionären bei der Flucht aus Deutschland über die sogenannten Klosterrouten bzw. Rattenlinien, sondern auch in Deutschland mit Entlastungszeugnissen.

Auch die neue Adenauer-Regierung und die Landesregierungen ließen bald von den Entnazifizierungsverfahren ab und öffneten den öffentlichen Dienst auch für einstige NSDAP-Mitglieder bzw. NS-Funktionäre.

So war es nur folgerichtig, dass Börger von 1950 bis 1961 Schulleiter am naturwissenschaftlichen Gymnasium in Köln-Mülheim wurde. Er war dort für sein herrisches und autoritäres Auftreten berüchtigt. Seine Ansprachen im brüllenden Kommisston waren gefürchtet.

Das Ganze war in Vergessenheit geraten, bis sich der inzwischen pensionierte Oberstudiendirektor Dr. Paul Börger 1976 vor der Kölner Presse seiner heroischen Tat von 1943 rühmte und als Retter des Kölner Doms öffentlich feiern ließ. Denn wäre es nach den Nazis gegangen – so Börger – hätten sie den Dom einstürzen lassen. Nur seine mutige Tat habe dies verhindert. Über die Angelegenheit wuchs Gras.

Nach dem Tod Börgers 1985 kam aufgrund von Forschungen des NS-Dokumentationszentrums Köln heraus, dass Börgers Version nicht den Tatsachen entsprach und eine typische Entlastungslegende war, um der gerechten Strafe und dem Berufsverbot durch die Alliierten zu entgehen. Es gibt viele Beispiele solcher Entlastungszeugnisse, die katholische Würdenträger zum Schutz ehemaliger Nazis ausgestellt haben.

Die sogenannte Domplombe blieb nun als Mahnmal für die NS-Zeit und als sichtbare Wunde am Kölner Dom bestehen, erinnerte sie doch auch an die Verstrickungen des Kölner Klerus. Dem musste Abhilfe geschaffen werden. Dieses Zeichen von Erinnerungsgeschichte musste entsorgt werden.

Und so setzte 1995 der amtierende Dombaumeister Arnold Wolff alle Hebel in Bewegung, dieses Schandmal zu entfernen. Nachdem im Januar 1996 öffentlich bekannt wurde, dass das Domkapitel anstrebte, die Domplombe durch Naturstein zu ersetzen, setzte eine heftige öffentliche Diskussion ein. Nun wurden auch wieder die Ungereimtheiten diskutiert, die durch den wahrheitswidrigen Persilschein des früheren Dombaumeisters Weyres zu Tage getreten und schon fast vergessen waren. Gerade deshalb musste die Domplombe bleiben, um auch an dieses unrühmliche Kapitel des Domkapitels zu erinnern. Dass dieses das nicht wollte, war naheliegend.

Insbesondere der Stadtkonservator Ulrich Krings wollte diese Geschichtsspur als »authentisches Erinnerungsmal der Kriegszerstörung« und »Abbild menschlicher Unvollkommenheit« erhalten sehen (zit. nach Andreas Rossmann, in: FAZ, 16.1.2004). Entschieden wurde die Diskussion durch die Anmaßung des Oberstadtdirektors, der am Stadtkonservator vorbei die Erlaubnis für die Entfernung des Provisoriums erteilte.

Die Nachfolgerin Wolffs als Dombaumeisterin, Barbara Schock-Werner (1999-2012) heizte die Stimmung noch an, indem sie im WDR-Fernsehen fragte: »Warum sollen die paar Kubikmeter Ziegelmauer für den Krieg herhalten?« (zit. nach WDR, 1.5.2005)

Und so begannen nach jahrelanger Diskussion im Mai 2004 die Bauarbeiten. Über 100 Kubikmeter Naturstein wurden durch die Steinmetze der Dombauhütte bearbeitet. Blattformen, die etwa Klee, Distel, Hopfen oder Akelei symbolisierten, ersetzten das Mahnmal zur Erinnerung an die NS-Zeit. Pünktlich zum Weltjugendtag wurde die neu gestaltete Verkleidung am 12. August 2005 in einer kleinen Abschlussfeier der Öffentlichkeit vorgestellt. Auch die Presse war zum Umtrunke geladen und berichtete ausführlich über das Ende der Ziegelplombe. Endlich war das Schandmal aus Sicht des Domkapitels verschwunden.

Der heutige Dombaumeister Peter Füssenich, seit 2016 im Amt, meinte zu dem Vorgang, es »hätte dem Dom nicht geschadet, wenn die Plombe in der bisherigen Form erhalten geblieben wäre.« (Interview mit Peter Füssenich, in: koelnerarchitektur.de, 21.4.2016)

Hinterher – wenn alles vorbei ist – ist man schlauer.

Episode 15

Die Klagemauer muss weg – Barmherzigkeit sieht anders aus

Von 1991 bis 1996 stand die Klagemauer von Walter Herrmann am Dom, von 1996 bis 2016 auf der Domplatte. Von Anfang an war diese Klagemauer ein Dorn in den Augen des Domkapitels. Es setzte alle Hebel in Bewegung, um dieses lästige Mahnmal vom Dom und von der Domplatte zu entfernen. Der Tod Walter Herrmanns 2016 löste das sogenannte Ärgernis im Sinne des Domkapitels.

Wie alles begann: Walter Herrmann, ein obdachloser Kölner Künstler, protestierte gegen Wohnungsnot und das Leid der Obdachlosen seit 1989 am Bierbrunnen auf der Schildergasse mit einer Installation aus Latten, Bindfäden und handgeschriebenen Papptafeln. Die Ordnungsbehörden schritten mehrfach gegen diese Kunstinstallation ein und ließen sie sechzehn Mal durch die Polizei räumen. Als Begründung wurde angegeben, dass es sich dabei um »Müll« handele, der entsorgt werden müsse.

1991 entstand daraus die »Klagemauer für den Frieden«, die sich nun an einem durch den Krieg markierten Ort, dem Nordturm des Doms mit seiner Ziegelsteinplombe, niederließ. Inzwischen waren schon über 2.000 handgeschriebene Papptafeln mit mehrsprachigen Botschaften zum Frieden entstanden, die zwischen den Fahnenmasten des Doms aufgereiht an Schnüren hingen. Jeden Abend transportierte Walter Herrmann diese Installation mit dem Fahrrad zur »Alten Feuerwache« einem Bürgerzentrum im Agnesviertel, wo ihm ein Lagerraum zur Verfügung gestellt wurde. Während eines Hungerstreiks kurdischer Kriegsflüchtlinge, die Tag und Nacht auf der Domplatte kampierten, blieb die Klagemauer dort auch nachts. Für die Fronleichnamsprozession 1991 wurden die Kurden und die Klagemauer auf Veranlassung des Domkapitels durch die Polizei vertrieben.

Im Nachgang des 2. Golfkriegs begannen die Betreiber der Klagemauer sich im Spätsommer 1991 am Dom einzurichten. Die Schnüre zwischen den Fahnenmasten mit den handgeschriebenen Tafeln wurden zur Dauereinrichtung. Mehrfach, so am 14. September und am 4. Oktober 1991, wurde die Installation durch rechtsextreme Gruppen zerstört, anwesende Nachtwachen wurden zusammengeschlagen. Die Polizei griff nicht ein, stattdessen bekämpfte die Domkirche diese Installation von Anfang an.

Zum besseren Schutz beschlossen die Betreiber, die Klagemauer neben das Hauptportal am Südturm des Doms zu verlegen. Auf einer Steinbank, mit einem Zelt überdacht, errichtete Walter Herrmann eine regelrechte Hütte. Nun wurden auch der Jugoslawienkrieg oder Massaker an Kurden thematisiert und anlässlich des Kolumbusjahres wurde für die Rechte amerikanischer Ureinwohner demonstriert. Ende September 1992 wurde Walter Herrmann zum fünften Mal zusammengeschlagen und dabei so schwer verletzt, dass die Kölner Presse das nicht mehr ignorieren konnte.

Trotzdem verschärfte das Domkapitel seine Maßnahmen gegen die Klagemauer, inzwischen flankiert vom Haus- und Grundbesitzerverein unter dem Vorsitzenden Hanns Schäfer, der im November 1993 die »Säuberung der Domplatte« forderte (zit. nach Heinrich-Böll-Stiftung, Klagemauer, S. 13).

Die hohe Domkirche setzte noch einen drauf und bezeichnete die Klagemauer »als Kunst getarnten Müllhaufen«, der das heilige Haus besudele (zit. nach Heinrich-Böll-Stiftung, S. 21). Jesus zeigte sich barmherziger gegenüber den Huren und Geldverleihern im Tempel von Jerusalem. Aber der wäre höchstwahrscheinlich auch aus dem Dom geflogen. Der Dombaumeister meinte sich noch drastischer äußern zu müssen. Er sei den »Zirkus« leid, der »ein Gotteshaus und Kulturdenkmal zu einer Müllkippe herabwürdigt« (zit. nach ebd.).

Derweil warb die Stadt Köln in ihren offiziellen Broschüren mit Fotos der Klagemauer als Highlight der rheinischen Metropole. Immer mehr Prominente verewigten sich auf ihr, so unter anderen der Dalai Lama, Ernesto Cardenal, Lew Kopelew und Klaus Staeck, die sich mit handgeschriebenen Forderungen zum Frieden, Forderungen nach sozialer Gerechtigkeit und Antikriegsparolen auf Papptafeln verewigten.

Aber dies kümmerte das Domkapitel und die Stadt Köln wenig. Ab Ende 1993 wurden juristische Schritte gegen Herrmann eingeleitet. Am 28. April 1994 begann die Hauptverhandlung in der Causa Domkapitel ./. Walter Herrmann vor dem Landgericht. Das Domkapitel strebte an, dass Herrmann seine Papptafeln und restliche Installationen erst mindestens zwei Meter vom Dom entfernt anbringen durfte. Das Gericht gab dem Domkapitel am 9. Juni recht. Natürlich ging Walter Herrmann in Berufung. Der erste Termin vor dem Oberlandesgericht platzte Anfang 1995, da der Vorsitzende gleichzeitig im Vorstand des Zentral-Dombau-Vereins war und somit als befangen galt. Im April 1995 wurde das vorinstanzliche Urteil durch das Oberlandesgericht bestätigt.

Jetzt setzte die Stadt Köln nach. Um dem Vorwurf zu entgehen, sie ließe das Domkapitel im Regen stehen, bereitete sie auf Drängen der Kleriker eine Zivilklage gegen Herrmann vor. Noch vor dem Urteil wurde die Stadt rabiat. Am 19. Juli 1996 forderten Beamte des Bezirksamts Herrmann auf, sein Zelt zu entfernen, da es sich um keine »Demonstration nach dem Versammlungsrecht« handele (zit. nach Heinrich-Böll-Stiftung, S. 35). Als der sich weigerte, wurde das Zelt mit wenigen Handgriffen abgerissen. Erst am 24. September 1996 wurde vor dem Landgericht Köln das Urteil zugunsten der Stadt Köln gefällt. Erst jetzt hätte sie tätig werden dürfen. Herrmann musste die inzwischen wieder aufgebaute Klagemauer sofort entfernen, ansonsten wäre gegen eine Sicherheitsleistung von 32.000 Mark das Urteil sofort vollstreckbar. Herrmann kam dem aber nicht nach und so forderte ihn der Oberstadtdirektor Ruschmeier am 2. Oktober ultimativ auf, die Klagemauer zu entfernen. Er bot ihm als Alternative den Neumarkt an, wogegen die dortigen Geschäftsleute lautstarken Protest einlegten.

Und so wurde in der Nacht vom 14. auf den 15. Oktober morgens um 4 Uhr durch einen Gerichtsvollzieher dem verschlafenen Herrmann mitgeteilt, dass nun wegen des Räumungsbefehls die sofortige Entfernung vollzogen würde. Unter Begleitung mehrerer Polizisten wurde das wenige Hab und Gut Herrmanns – Schnüre, Tafeln, Zelt – unter dessen Protest in einen Möbelwagen verstaut und auf Wunsch Herrmanns zur Alten Feuerwache transportiert. Das dazu benötigte Werkzeug hatte das Domkapitel schon freundlicherweise in einem Seitenportal des Doms bereitgehalten.

Doch die Klagemauer lebte weiter. Nun zog Walter Herrmann mit einem hölzernen »trojanischen« Pferd ab Dezember 1996 täglich von der Alten Feuerwache morgens zum Dom und abends zurück. Das Pferd wurde mit einem Fahnenmast verbunden, dann Schnüre gezogen und die Papptafeln aufgehängt. Langsam gewöhnten sich die Kölner an diese Klagemauer. Aber auch das passte dem Domkapitel und der Stadt Köln nicht, weshalb sie intervenierten. So titelten Kölner Tageszeitungen im Februar 1997 etwa: »Polizeipräsident stoppt Aktion auf der Domplatte – Frist für mobile Klagemauer endet am Sonntag« (zit. nach Heinrich-Böll-Stiftung, S. 51). Tatsächlich wurde das Pferd von der Polizei beschlagnahmt. Sie musste es aber wieder zurückgeben. Im gleichen Monat schaffte es Herrmann, das Pferd in den Rosenmontagszug 1997 zu schmuggeln. Doch es wurde von der Polizei entfernt und Walter Herrmann in Handschellen abgeführt. Den ganzen Rosenmontag verbrachte Herrmann in Polizeigewahrsam. Nun installierte er die Klagemauer auf einem Handwagen und zeigte sie täglich auf der Domplatte.

1998 erhielt Walter Herrmann für seine Aktion und seinen Mut den Aachener Friedenspreis. Die Klagen der Stadt auf Initiative des Domkapitels gingen weiter. Gegen die Urteile ging Herrmann immer wieder in Berufung. Das führte bis zum Bundesverwaltungsgericht, das 2007 die Rechtsauffassung Herrmanns bestätigte, dass die täglich auf- und abgebaute Installation wie Redebeiträge einer Demonstration zu werten und deshalb zulässig sei. Es müssten nur immer zwei Personen anwesend sein.

Seit dem Jahre 2004 widmete sich die Klagemauer immer mehr dem palästinensisch-israelischen Konflikt in den Texten und Darstellungen der Papptafeln. Dabei wurden auch eindeutig antisemitische Karikaturen gezeigt. Nun wehrte sich die Stadtgesellschaft zu Recht gegen diese teils infamen – an die NS-Zeit erinnernden – Karikaturen. Ein breites Bündnis aus Synagogengemeinde, Gesellschaft für christlich-jüdische Zusammenarbeit, Verein EL-DE-Haus, DGB u. a. forderte 2011 ein Verbot der Klagemauer mit diesen Darstellungen. Eine Anzeige wegen Volksverhetzung lehnte die Staatsanwaltschaft ab, da kein hinreichender Tatverdacht vorliege. Herrmann verlor immer mehr den Rückhalt in der Bevölkerung. Ab 2016 trat Walter Herrmann nicht mehr öffentlich auf. Er starb am 26. Juni 2016.

Episode 16

Das Richter-Fenster im Dom – entartete Kunst?

»Dort, wo Kultur vom Kultus, von der Gottesverehrung abgekoppelt wird, erstarrt der Kult in Ritualismus und die Kultur entartet« (zit. nach Tagesspiegel, 17.9.2007). Nein, das ist kein Zitat einer Nazi-Größe, das ist der Originalton von Kardinal Joachim Meisner in einer Stellungnahme zu den Richter-Fenstern am Südportal des Kölner Doms.

Aber der Reihe nach im historischen Ablauf.

Im Jahre 1863 schenkte das preußische Königshaus dem Domkapitel in Köln die Fenster am Südquerhaus des Kölner Doms mit Darstellungen von weltlichen und kirchlichen Herrschern. Hergestellt und eingebaut hat diese Fenster das Königliche Glasmalinstitut aus Berlin-Charlottenburg. Seit 1842 hatte der preußische König die Fertigstellung des Kölner Doms finanziert. Die Einweihung des fertigen Doms durch den preußischen König fand im Jahre 1880 statt.

Die Fenster – von einem protestantischen Potentaten geschenkt – waren nicht gerade die Lieblingsobjekte des Domkapitels. Deswegen war es nur folgerichtig, dass – anders als bei den mittelalterlichen Fenstern – diese im Zweiten Weltkrieg bewusst nicht ausgeglast wurden, um sie zu retten. Soll sie doch der Feind ruhig zerstören, dann brauchen wir es nicht zu tun. So geschah es dann auch.

Nach 1945 wurden diese Fenster mit einer Notverglasung in hellem Glas geschlossen.

Mit Beginn des neuen Jahrtausends begann die Diskussion im Domkapitel darüber, diese Fenster durch künstlerisch gestaltete Fenster zu ersetzen. Auf dem Geburtstag des Kölner Weihbischofs Friedhelm 2001 sprach die damalige Dombaumeisterin Barbara Schock-Werner den Künstler Gerhard Richter an, ob er sich vorstellen könnte, die Domfenster am Südportal des Doms zu gestalten. Er bat sich Bedenkzeit aus.

Im Jahr 2003 beschloss das Domkapitel offiziell, die Notverglasung erneuern zu lassen. Mehrere Künstler wurden vom Domkapitel angesprochen. Ursprünglich war die Vorgabe, den Märtyrern, z. B. Edith Stein oder Maximilian Kolbe, die von den Nazis verfolgt worden waren, mit den Fenstern ein Denkmal zu setzen und so an den Holocaust zu erinnern. Dabei darf nicht vergessen werden, dass die vom Judentum konvertierte Edith Stein in einem niederländischen Kloster von den Nazis nur gefunden werden konnte, weil die deutschen Bischöfe ihren Aufenthalt preisgegeben hatten.

Aber die vorgelegten Entwürfe überzeugten das Domkapitel nicht. Da erinnerte sich die Dombaumeisterin Schock-Werner an das Gespräch mit dem Künstler Gerhard Richter. Er sagte zu und so wurde er 2006 beauftragt, einen eigenen Entwurf vorzulegen. Das Domkapitel war so geschickt, dass es erreichte, die Herstellungskosten in Höhe von 370.000 Euro durch rund 1.200 Spender aufbringen zu lassen. Richter selbst arbeitete ohne Honorar.

Sein Vorschlag bestand aus der Kombination von 11.263 Farbquadraten in 76 Farben, die durch einen Zufallsgenerator zusammengestellt wurden. Aus mehreren Entwürfen wählte das Domkapitel zusammen mit dem Künstler die dann verwandten Vorschläge aus, die in Quadrate von 9,6 x 9,6 Zentimetern umgesetzt wurden. »Ich habe mich selbst eher zurückgenommen. Ich wollte, dass das Fenster etwas Selbstverständliches hat, etwas Alltägliches, jedenfalls sollte es kein ›Farbrausch‹ werden. Nicht zu warm, nicht zu kalt, zurückhaltend, so neutral wie es geht«, so Richter in einem Interview (zit. nach wikipedia, Richter-Fenster).

Von Anfang an kritisierte Kardinal Meisner die Gestaltung in dieser abstrakten Form. So äußerte er: »Das Fenster passt eher zu einer Moschee oder in ein anderes Gebetshaus. Wenn wir schon ein neues Fenster bekommen, soll es auch deutlich unseren Glauben widerspiegeln. Und nicht irgendeinen« (zit. nach ebd.). Am 25. August 2007 wurden die Richter-Fenster am Südquerhaus in einem Festgottesdienst geweiht. Kardinal Meisner blieb dieser Feierstunde demonstrativ fern.

Er ließ nicht ab von seiner Kritik, insbesondere als die Öffentlichkeit die Fenster in ihrer Farbenpracht einhellig lobte. Dann ließ er sich zu der unsäglichen Charakterisierung hinreißen, dass diese Fenster »entartet« seien.

Zu Recht erregte dies die Öffentlichkeit, besonders die mit Propaganda und Hetze verbundene Wortwahl aus der NS-Zeit. Sie hatten rund 16.000 moderne Kunstwerke, vor allem expressionistische und abstrakte Kunst, als »entartet« beschlagnahmt und entweder über die Schweiz für viel Geld verhökert oder zerstört. Sogar das Zentralkomitee der deutschen Katholiken hatte seine Wortwahl als »indiskutabel« bezeichnet. Zu Recht kritisierte der Parlamentarische Geschäftsführer der Bundestagsfraktion Die Grünen, Volker Beck, Kardinal Meisner mit folgenden Worten: »Meisner ist geistiger Brandstifter, vor drei Jahren hat er Abtreibungen mit dem Holocaust verglichen, nun die Kunst des Fensters als ›entartet‹«.

Es ist wohl nur ein Gerücht, dass das 2007 neu eröffnete Columba-Museum des Erzbistums Köln nur zu dem Zweck gebaut wurde, um die Gegenüberstellung von »entarteter« Kunst und klassischer Kunst einmal deutlich vor Augen zu führen. Die zeitliche Koinzidenz beider Vorhaben im Jahr 2007 – Columba-Museum hier, Richter-Fenster dort – legt diesen Gedanken indes nahe.

Wie säht d'r Kölsche: »Honni soit qui mal y pense!«

Episode 17

Vom Frieden zum Krieg – Von der Bergpredigt zum Soldatengottesdienst

In den Anfängen war das Christentum eine pazifistische Religion. Maßgabe war in den ersten Jahrhunderten die Bergpredigt. Wer das Schwert führt, wird durch das Schwert umkommen. Das hielt nicht lange an. Schon 314 beschloss die Synode von Arilatea die Exkommunikation von Fahnenflüchtigen. Nun wurden aus den christlichen Friedenspredigern – bis heute – Feldgeistliche. Diese Position verstärkte sich noch, als das Christentum zur Staatsreligion erklärt wurde.

Nach der Trennung in Ost- und Westkirche gab Augustinus die Linie vor. Er entwickelte die Theorie des gerechten Krieges, der das Christentum gegen Ungläubige verteidigt oder sogenanntes heidnisches Territorium erobert. Das nannte man dann Christianisierung. Damit war man schon beim Heiligen Krieg. Diese Position vertritt die Kirche bis heute, wenn es darum geht, Feldzüge gegen Ungläubige, Ketzer, Kirchenspalter, Gegenpäpste oder Kommunisten zu legitimieren. Das Christentum musste mit militärischer Gewalt verteidigt und ausgebreitet werden. So wurden Kreuzzüge legitimiert, die Kriege Karls des Großen gegen die Sachsen, das Auslöschen der sogenannten heidnischen Kulturen in Mittel- und Südamerika, der Kampf der Nazis gegen den Widerstand.

Schon im Mittelalter fing dies an. Im Jahre 1095 hetzte Papst Urban II. in Clermont die Bevölkerung zum ersten Kreuzzug mit der danach jahrhundertelang vertretenen Devise »Desu volt« auf – Gott will es, Gott will den Krieg.

Viele Kölner Erzbischöfe waren Heerführer der deutschen Kaiser, heute würde man Kriegsminister sagen. Sie führten Krieg für ihren Kaiser, so Erzbischof Bruno I. (935-965) für Otto I., Erzbischof Folkmar (965-969) für Otto II., Heribert I. (990-1021) für Otto II. und, einer der brutalsten, Rainald von Dassel (1159-1167), für Friedrich I. Sein besonders grausames Vorgehen gegen die Mailänder dankte ihm sein Herrscher mit der Genehmigung, das dem Erdboden gleich gemachte Mailand zu plündern. So gelangten die sogenannten Heiligen Drei Könige nach Köln. Das ging über die Jahrhunderte so weiter. Nun wurde aus der Tat auch das Wort.

Auch im wilhelminischen Kaiserreich segnete die Kirche Soldaten und Waffen. 1914 schrieb der Jesuit Pater Lippert im Zentralorgan der Katholiken, der *Stimme der Zeit*: »Die Erhebung des deutschen Volkes ist wahrhaftig zum Gottesdienst geworden« (zit. nach Rede von Kirchbach, o. P.). Der Kaiser wurde zum Verteidiger der Christenheit hochstilisiert. Jede Art von Pazifismus, der damals in Europa entstand, stieß auf Unverständnis und Ablehnung und wurde bekämpft.

Bei der bald folgenden NS-Zeit brauchte sich die katholische Kirche nicht umzustellen. So wünschte die Kurie mit dem Reichskonkordat 1933 die Wiederbewaffnung unter Hitler. 17 Jahre später forderte der Kölner Kardinal Frings die Wiederbewaffnung der BRD, welche Parallele! 1936 begrüßte der Kölner Kardinal Schulte den völkerrechtswidrigen Einmarsch der deutschen Truppen ins demilitarisierte Rheinland mit einem Telegramm an Hitler: »Die berufenen Waffenträger unseres Volkes in ergriffener Seele« (zit. nach Kirchbach, o. P.). Nach dem Überfall auf Polen 1939 betete sogar Bischof Galen aus Münster: »Allmächtiger Gott! Wir bitten Dich, schütze alle Angehörigen unserer Wehrmacht und erhalte sie in Deiner Gnade. Stärke die Kämpfenden« (zit. nach Kirchbach, o. P.). Auch im Zweiten Weltkrieg wurden die katholischen Gläubigen aufgefordert, im Glauben an die Sache des Volkes ihr Bestes zu geben. Dabei wurden im Kampf gegen den Kommunismus Parallelen zu den mittelalterlichen Kämpfen gegen die Ungläubigen gezogen und damit die Ostfeldzüge Hitlers legitimiert.

Auch nach 1945 offenbarten sich Kontinuitäten. So war der Moraltheologe Stelzenberger, einst Divisionspfarrer in Hitlers Wehrmacht, nach Gründung der Bundeswehr wieder in der Militärseelsorge tätig.

Am 23. Juni 1950 forderte der Kölner Kardinal Frings vor 25.000 Teilnehmern auf dem Katholikentag in Bonn die Wiederbewaffnung der BRD und die Neueinführung eines Heeres – nur fünf Jahre nach Beendigung eines völkermordenden Krieges Deutschlands, der ganz Europa überzogen hatte. Außerdem sagte er: »Ein Eintreten für eine uneingeschränkte und absolute Kriegsdienstverweigerung ist mit dem christlichen Glauben nicht vereinbar« (zit. nach Deschner, S. 50). Vielen, die später aus Gewissensgründen den Kriegsdienst verweigerten, erschwerte er damit die Argumentation. Folgerichtig hieß es auch im ersten Gebets- und Gesangbuch der Bundeswehr: »Die Pflicht, die ich erfülle, ist mir von Gott auferlegt. Ich weiß Gott stets an meiner Seite. Als sein Kämpfer muss ich mich bewähren.« (zit. nach Kirchbach, o. P.). Das heißt im Umkehrschluss, Kriegsdienstverweigerung ist gottlos!

Ein weiterer Schritt bellizistischer Positionierung war die Erklärung von Papst Paul VI. am 1. Januar 1968, dem von ihm postulierten »Weltfriedenstag«. Ab jetzt sollte der Tag immer zu Beginn eines neuen Jahres gefeiert werden. Dies ist kein Widerspruch, denn die deutsche Militärseelsorge beschloss 1975, diesen Tag mit einem Militärgottesdienst zu begehen und pervertierte damit den ursprünglichen Friedensgedanken. Seit 1977 wird dieser zentrale Gottesdienst Deutschlands unter Bezug auf den Weltfriedenstag in Köln begangen, immer mit einer Rede des Kölner Kardinals.

Schon 1974 hatte Kardinal Höffner (1969-1987) den Rahmen für die Soldaten abgesteckt, indem er äußerte, dass der präventive

Schlag gegen den »atheistischen Bolschewismus« gerechtfertigt sei.

Der erste Soldatengottesdienst wurde im Januar 1977 in der Kölner Apostelkirche von Höffner vor 1.100 Soldaten zelebriert. Da die Kirche zu klein war, wurde ab 1978 der Dom als Veranstaltungsort gewählt – er ist dies bis heute. Seither können bis zu 3.000 Soldaten in das Gotteshaus kommen.

Als Joachim Meisner 1989 neuer Kardinal in Köln wurde, hofften manche schon, dass es eine Hinwendung der Katholiken zum Pazifismus geben würde. Er hatte am 5. März 1985 in der DDR in Ostberlin geäußert: »Rüstung zum Krieg ist Diebstahl, denn sie nimmt den Armen das nötige Brot zum Leben« (zit. nach Lokalberichte Köln 3/98). Aber weit gefehlt. In einer Predigt vor Soldaten im Januar 1996 trug er vor: »In betenden Händen ist die Waffe vor Missbrauch sicher« (zit. nach Hecht, S. 6). Auf Veranlassung des Domkapitels wurden am 27. Januar 1997 bei Protesten anlässlich des Soldatengottesdienstes zwei Pax-Christi-Anhänger verhaftet. Dies geschah am Jahrestag der Befreiung von Auschwitz, als sie vor dem Dom ein Transparent mit der Aufschrift »Kriege verhindern = Rüstung ächten« hochhielten (zit. nach Hecht, S. 7). Sie blieben nach Leibesvisitationen mehrere Stunden in Einzelhaft. Dies führte dazu, dass sich mehrere Initiativen zusammenfanden, die ab 1998 jedes Jahr friedliche Proteste gegen die Soldatengottesdienste organisierten. So konnten sie miterleben, wie Kardinal Meisner am 20. Januar 1998 in seiner Predigt formulierte: »Weil der Mensch das höchste irdische Wesen ist, ist er unserer Gesellschaft so lieb und teuer, dass er sich die Bundeswehr leistet« (zit. nach Skript der Predigt, hg. v. Erzbistum Köln 1998). Nun organisierte das Protestbündnis jährlich auch Rahmenveranstaltungen mit Vorträgen zum Thema Pazifismus. Im Schnitt kamen rund 200 Gegendemonstranten zu den von über 1.500 Soldaten besuchten Soldatengottesdiensten. Kardinal Meisner wurde immer radikaler in seinen Formulierungen. So predigte er im Januar 2000, die Kirche sehe in den

Soldaten »eine letzte Möglichkeit, das Böse im Menschen zu bannen und zu binden« (zit. nach Hoven, S. 48). Auch Anfang 2007 predigte er wieder mit starken Worten: »Humanität ohne Divinität ergibt Bestialität«, man könne »entweder Bruder in Christus sein oder Genosse im Antichrist« (zit. nach Skript der Predigt, hg. v. Erzbistum Köln 2007). Das heißt übersetzt, Menschlichkeit ohne Göttlichkeit ergibt Bestialität. Wer menschlich handelt und das nicht mit Gottesbezug begründet, ist eine Bestie. Welche Herabsetzung des Solidaritätsgedankens der Arbeiterbewegung, die über Jahrhunderte an der Seite von Menschen aus ärmeren Schichten stand.

Am 21. September 2005 – am offiziellen Weltfriedenstag der UNO – meinte die Stadt Köln zusammen mit dem Erzbistum besonders drastisch ihre militaristische Einstellung öffentlich demonstrieren zu müssen. Mit 280 Soldaten fand auf dem Roncalliplatz ein öffentliches Gelöbnis der Bundeswehr erstmals in Köln statt. Vorher zelebrierte Kardinal Meisner noch einen Militärgottesdienst. Nach der Zeremonie gab es ein Militärmusikkonzert vor dem Rathaus, anschließend einen Empfang des CDU-Oberbürgermeisters Fritz Schramma im Rathaus und am Abend dann den Großen Zapfenstreich auf dem Roncalliplatz. Anlass dazu war das fünfzigjährige Bestehen der Bundeswehr. Dazu wurde der ganze Platz gesperrt. Überall standen Schilder mit der Aufschrift »Hausrecht Bundeswehr«, dahinter waren gut ausgerüstete Feldjäger postiert. So als hätte man Angst vor einem bewaffneten Angriff.

Besser kann man die Zusammenarbeit einer Kriegsmacht mit der katholischen Kirche nicht demonstrieren.

Episode 18

Katholische Kleriker lieben Kinder

Kindesmissbrauch ist kein neues Thema in den christlichen Kirchen. Schon in den ersten Jahrhunderten der christlichen Gemeinden war dies Thema der Konzile – samt der Kritik am Verhalten mancher Kleriker. Bereits auf dem Konzil von Neu-Cäsarea 428 bestimmte Papst Cölestin I. (422-432), dass ein Geistlicher, der Knabenschändung betrieb, abgesetzt werden und dass er Buße tun müsse.

Über 500 Jahre später wandte sich der Kardinal Petrus Damiani im Jahre 1057 in dem Schreiben »liber Gomorrhianus« an Papst Nikolaus II. (1057-1061) und entwarf darin ein trauriges Bild der Pfaffen. Er beklagte die widernatürliche Unzucht mit Knaben und kritisierte, dass die Geistlichen, um weiter sündigen zu können, sich gegenseitig die Beichte abnahmen. Er monierte in dem Schreiben: »Würde die Unzucht bei den Priestern geheim betrieben, so sei es zu ertragen, aber ... die schreienden Kinder, das sei das Ärgernis der Kirche« (zit. nach Corvin, S. 268).

Auf einem Konzil von 1212 in Paris wurde den Mönchen und Kanonikern verboten, zusammen mit Knaben in einem Bett Sodomiterei zu betreiben. Das heißt, dass dies schon damals ein Problem in den kirchlichen Einrichtungen war.

Im Jahre 1409 wurden in Augsburg vier Priester und ein Laie wegen Knabenschänderei im Perlachturme – einem ursprünglichen Wachturm, heute Kirchturm von St. Peter – mit gebundenen Händen und Füßen aufgehängt, bis sie verhungerten. Dass damals zu solch drastischen Mitteln, auch mit dem Ziel der Abschreckung, gegriffen wurde, lässt auf eine weite Verbreitung von Kindesmissbrauch schließen.

Auch für das 19. Jahrhundert ist das Verbrechen der Übergriffe auf Kinder belegt. Das zeigen Untersuchungen über den badischen Klerus, für den Irmtrud Götz von Olenhusen 1994 mehrere Fälle von Vergewaltigungen und Unzucht mit Minderjährigen dokumentierte. Vereinzelt waren in den Nachkriegsjahren einzelne Fälle in Deutschland bekannt geworden. So die Übergriffe des Internatsleiters der Regensburger Domspatzen, der 1959 für Kindesmissbrauch in den 1930er und 1940er Jahren verurteilt wurde.

Die Sensibilität in der Öffentlichkeit stieg für diese bisher von der katholischen Kirche totgeschwiegenen Verbrechen. Verstärkt wurde die Aufmerksamkeit für dieses Phänomen durch die vereinzelt in den 1960er und mehr noch in den 1980er Jahren bekannt gewordenen Skandale in Irland und den USA über Kinderschänderei durch katholische Bischöfe, die diese seit Jahrhunderten verübt hatten.

Die im Jahre 1995 eingeleiteten Verfahren gegen einzelne deutsche Bischöfe wurden 1996 wegen geringer Schuld eingestellt. Immer wieder schafften es diese, die seit Jahrzehnten bekannten Vergehen unter der Decke zu halten.

In dieser Haltung bestärkt wurden die deutschen Bischöfe durch drei vom Papst bzw. dessen Inquisitionsbehörde herausgegebenen Verordnungen.

Schon 1962 gab es das durch das »Heilige Offizium« in Rom mit dem Kirchenbann beschwerte Schweigegebot »Crime sollicitationis« (Verbrechen der Verführung) ihres Leiters Alfredo Ottaviani, das im Auftrag des Papstes herausgegeben wurde.

2001 – nun waren schon viele weitere Verbrechen der katholischen Kleriker bekannt geworden – folgte die Anweisung »Motu proprio« von Papst Johannes Paul II., der das Verdikt von 1962 bestärkte. Im gleichen Jahr gab Joseph Ratzinger als Präfekt der

»Glaubenskongregation« – der Nachfolgebehörde des »Heiligen Offiziums« – das Schreiben »De delicti gravioribus« (über die schwerwiegenden Verbrechen) heraus. Darin wurden die katholischen Bischöfe, aber auch die ihnen untergebenen Kleriker an die Strafen erinnert, die ihnen blühten, wenn sie mit den Verbrechen an die Öffentlichkeit gingen. Das war dann auch Ratzingers Grundlage für sein späteres Agieren als Papst Benedikt XVI. (2005-2013). Trotz aller Vertuschungs- und Unterdrückungsversuche blieben die Verbrechen nicht verborgen.

Einer Fernsehdokumentation des *Südwestrundfunks* vom September 2002 zufolge haben mehr als die Hälfte der 27 deutschen Bistümer mindestens 47 Missbrauchsfälle in 30 Jahren schriftlich eingeräumt. Aber nur wenige Bistümer waren offen; Köln gehörte nicht dazu.

Stattdessen hielt der Kölner Kardinal Joachim Meisner noch 2003 die Grabrede für den ehemaligen Wiener Kardinalbischof Hans-Hermann Groer, der nachweislich – und schon öffentlich bekannt in seiner Zeit als Pfarrer in Hollabrunn in den 1960er/70er Jahren – Kinder und Jugendliche sexuell missbraucht hatte. Im Jahr seines Todes hatte man einem Opfer 40.000 Euro Schweigegeld gezahlt, damit das Vergehen nicht an die Öffentlichkeit gelangte.

Harald Dreßling u. a. haben in einer 2019 erschienenen Publikation sexuellen Missbrauch an Kindern unter anderem in katholischen Kinderheimen zwischen 1945 und 1970 dokumentiert.

Erst im Jahre 2010 wurden Sexualdelikte in katholischen Einrichtungen in größerem Umfang bekannt. Aber die Kirche vertuschte die ihnen lange bekannten Vorfälle, und somit konnte keine Strafverfolgung durch Polizei und Staatsanwaltschaft eingeleitet werden. Schätzungen in verschiedenen Erzbistümern zeigen, dass ein bis fünf Prozent der Kleriker durch Kindesmissbrauch aufgefallen sind. Die Dunkelziffer ist jedoch viel höher, schätzen Fachleute.

Nun gerät auch das Erzbistum Köln, das lange die ihm seit Ende der 1960er Jahre bekannten Vorfälle unter der Decke hielt, immer mehr in den Fokus. So bekundeten 30 Missbrauchsopfer 2010, dass sie in den 1970er und 1980er Jahren mehrfach sexuell missbraucht wurden. Im Abschlussbericht wird sogar von 58 Opfern berichtet, die von 1950 bis 2010 durch 23 Kleriker missbraucht wurden.

In einer von der deutschen Bischofskonferenz im September 2019 veröffentlichten Studie über sexuellen Missbrauch durch Kleriker an Minderjährigen vom September 2010 wurden bei der Untersuchung von 38.000 Personalakten für die Zeit von 1946 bis 2014 bei 4,4 Prozent des Personals Hinweise auf sexuellen Missbrauch von Minderjährigen konstatiert. Betroffen waren 3.677 Kinder und Jugendliche und 1.670 beschuldigte Priester.

Daher stellten einen Monat später sieben Strafrechtsprofessoren Strafanzeigen gegen alle 27 Bistümer der römisch-katholischen Kirche in Deutschland, um Ermittlungsverfahren zur Beschlagnahmung der nicht anonymisierten Akten einzuleiten und die Täter zu überführen. Aber nur vorher gefilterte Unterlagen wurden von den Bistümern herausgerückt, so dass die Verfahren im Sande verliefen.

Im Erzbistum Köln gab es 135 Betroffene und 87 Beschuldigte. Darunter waren auch mehrere Fälle, von denen Kölner Erzbischöfe Kenntnis hatten.

Der erste Fall des Geistlichen A. begann schon in den 1960er Jahren unter der Ägide von Kardinal Joseph Frings (1942-1969). Kaplan Nikolaus A. war von 1960 bis 1964 in einer Pfarre in Köln-Weidenpesch tätig. Schon 1963 erhielt das erzbischöfliche Generalvikariat Kenntnis von Gerüchten, dass dieser Geistliche sexuelle Handlungen an 13- bis 14-jährigen Jungen begangen hatte. Aber trotz Bekanntwerden der Vorwürfe gegen ihn geschah nichts. 1964 wurde A. als Pfarrer nach Porz versetzt, heute ein Stadtteil von Köln. Eine psychoneurotische Behandlung ergab 1968 die Diagnose »manifeste Pädophilie«, die dem Generalvikariat unter Kardinal Frings bekannt war. Trotzdem übertrug man A. 1970 ein Pfarramt in Kettwig. Dort wurde er wegen sexuellen Vergehens gegen zwei Jugendliche unter 14 Jahren verhaftet und erhielt 1972 eine Freiheitsstrafe von 18 Monaten wegen »fortgesetzter Unzucht mit Kindern in Tateinheit mit fortgesetzter gleichgeschlechtlicher Unzucht mit Minderjährigen und mit Abhängigen«, so das veröffentlichte Gutachten der Münchener Rechtsanwaltskanzlei Westpfahl, Spilker, Wastl vom 1. August 2019. Trotzdem wurde dieser Geistliche nach vorzeitiger Entlassung vom Generalvikariat Köln als Aushilfe in einer Pfarre in Bocholt eingesetzt, wo er wieder in Kontakt mit Jugendlichen kam. Ein Jahr später wurde er wieder festgenommen, weil Übergriffe aus seiner Zeit in Porz bekannt wurden. Er wurde jedoch wegen nicht ausreichender Beweise freigelassen. Nach einer Zwischenzeit in der Schulabteilung bekam A. zuerst eine Ferienvertretung in einer Pfarre, und ab 1978 übertrug man ihm die Verwaltung einer Pfarre in Recklinghausen. 1980/81 wurde laut Staatsanwaltschaft Duisburg festgestellt, dass es dort wieder zu sexuellen Missbrauchshandlungen gekommen war. Erst 1985 wurde der Dienst in Recklinghausen aus gesundheitlichen Gründen beendet. Dort hatten sich wiederholt die einschlägig bekannten Straftaten gezeigt. Nun übertrug man A. eine Aushilfsseelsorgerstelle in Moers. 1988 wurden mehrere Vorfälle aus der Zeit in Recklinghausen und Moers bekannt.

Inzwischen war Joachim Meisner neuer Erzbischof von Köln. Er ließ A. weiterarbeiten. Dieser wurde erneut festgenommen und nach einem Gerichtsverfahren zu zwei Jahren Haft auf Bewährung verurteilt. Ein Gutachten von 1989 drängte auf eine Einweisung in eine geschlossene Abteilung wegen hoher Rückfallgefahr. Stattdessen wurde A. als Seelsorger in einem Altenheim eingesetzt. 2002 ging A. in den Ruhestand und wollte ins Ruhrbistum Essen. Dies wurde ihm gewährt. Dort wurden Gerüchte über das Vorleben von A. bekannt. Diese Vorwürfe waren auch dem Personalchef des

Erzbistums bekannt, wie er besorgten Eltern 2003 schrieb. Trotzdem half A. dem Pfarrer in der örtlichen Seelsorge der Gemeinde St. Joseph in Bochum-Wattenscheid. Noch 2008 wurde ihm vom Essener Bischof beschieden, dass man erwarte, dass er sich weiter als Priester in die Gemeindearbeit einbringe. Erst am 21. Juli 2019 wurde dem Pfarrer A. durch Erzbischof Woelki per Dekret die Ausübung seines priesterlichen Amtes untersagt. Bis dahin konnte er sein Unwesen weitertreiben.

Ob Erzbischof Frings von den Taten des A. gewusst hat, ist nicht nachgewiesen, das Generalvikariat hatte jedenfalls Kenntnis. Alle nachfolgenden Erzbischöfe, Joseph Höffner (1969-1987), Joachim Meisner (1989-2014) und Kardinal Woelki (ab 2014) hatten Kenntnis von den Vergehen, von denen viele straffrei ausgingen. Bis 2014/15 hätten noch weitere strafrechtliche Schritte gegen A. unternommen werden können, danach waren sie verjährt. Diese Schritte unterblieben jedoch.

Ein weiterer Fall ist der des Düsseldorfer Geistlichen Johannes O. Er soll seit den 1970er Jahren Missbrauch an einem Jungen im Kindergartenalter begangen haben. Dies wurde dem Erzbistum jedoch erst 2010 bekannt. Jetzt meldete sich der Missbrauchte und schilderte den Fall dem Erzbistum. Nach Prüfung des Falls bekam das Opfer die sehr hohe Summe von 15.000 Euro, üblich waren damals nur 5.000 Euro pro Opfer. Eine vorgeschriebene Unterrichtung des Vatikans unterblieb jedoch. Es musste sich wohl um einen sehr drastischen Fall gehandelt haben, den das Erzbistum durch dieses Schweigegeld unter der Decke halten wollte. Vielleicht lag es auch daran, dass Kardinal Woelki, damals Weihbischof in Köln, mit dem Pfarrer befreundet war. Er hatte O. als Theologiestudent schon 1983 kennengelernt und ihn regelmäßig in seinem Pfarrhaus in Düsseldorf besucht. Woelki war auch 1984 nach seiner Diakonweihe bei Pfarrer O. eingesetzt. Sie blieben sich über Jahrzehnte bis zu O.s Tod verbunden. Woelki hielt 1998 in der Jubiläumsmesse für O. zu dessen 40-jähriger Pfarrtätigkeit die

Festpredigt. Spätestens seit 2011 wusste Woelki von den Verfehlungen des O. Trotz dieser Kenntnis lud Woelki Pfarrer O. zu seiner Kardinalserhebung in Rom im Jahre 2012 ein. Dieser Fall hätte den Strafbehörden – auch wenn er verjährt war – gemeldet werden müssen. Auch im Jahre 2015, als die Vorkommnisse erneut im Erzbistum diskutiert wurden, unterblieb die vorgeschriebene Meldung nach Rom. Stattdessen ordnete Woelki an, »dass aufgrund des vorgerückten Alters von O. auf Untersuchungen verzichtet werde« (zit. nach Kölner Stadt-Anzeiger, 10.12.2020). Als O. am 23. Oktober 2017 starb, erhielt er einen »Ehrenplatz« auf dem Aloisiusfriedhof in Bonn. Woelki hielt eine Predigt, die den Priester in höchsten Tönen lobte. Auch anlässlich des Todes hätte dieser Fall nach Rom berichtet werden müssen, was jedoch offensichtlich nicht geschah. Ob es an dem früheren besonderen »Verhältnis« zwischen O. und Woelki lag, ist nicht bekannt.

Beide Fälle im Kölner Erzbistum zeigen, dass der sexuelle Missbrauch – seit Jahrtausenden praktiziert – auch in Köln nicht unterblieb.

Es wurde zwar ein Gutachten an die Kanzlei Westpfahl Spilker Wastl vergeben. Nach Vorlage am 1. August 2019 wurde es jedoch sofort unter Verschluss gehalten, da das Ergebnis offenbar nicht passte, wohl insbesondere, weil dort die Verantwortlichkeiten der Kölner Erzbischöfe und ihre genauen Kenntnisse aller Vorgänge herausgearbeitet worden waren. Stattdessen wurde bei einer Kölner Kanzlei ein erneutes Gutachten bestellt, das als Gercke-Gutachten bekannt wurde. »In weiten Teilen wirkt das Gutachten wie eine gut inszenierte Verteidigung, die Akteure entschuldigt, wo immer es geht« und Weihbischöfe würden in ihm zu »subalternen, unbedeutenden Randgestalten«, so der Kirchenrechtler Thomas Schüller in einem Gastbeitrag für den *Kölner Stadt-Anzeiger* (20./21.3.2021).

Inzwischen werden immer mehr Vorfälle im Erzbistum Köln bekannt. So soll ein 1999 verstorbener Pater aus Köln während seines Urlaubs in den 1990er Jahren im Hänsel-und-Gretel-Heim in Oberammergau Kinder missbraucht haben. Dafür, dass daran etwas Wahres sein könnte, spricht, dass der das Haus betreibende Maristenorden die betroffenen Kinder mit zum Teil hohen Beträgen von bis zu 20.000 Euro abfand.

Ein weiterer Fall ist der des 2021 mit 77 Jahren verstorbenen Pfarrers M. Es war den Erzbischöfen seit spätestens 2002 bekannt, dass besagter Pfarrer seit den 1970er Jahren Jugendliche schwer sexuell missbraucht hatte. Er selbst gab in einer Befragung durch die erzbischöfliche Leitung 2014 zu, dass er von 1971 bis 1996 zehn Jugendliche missbraucht hatte. 2017 wiederholte er seine Aussagen. Eine Anzeige bei den staatlichen Verfolgungsbehörden erging erst 2018 – nach Verjährung der Straftaten.

Die Frage sei schon erlaubt, ob hier nicht eine strafbare Strafvereitelung stattgefunden hat. Aber die einzige Strategie bis heute lautet: Verschweigen, Informationen unterdrücken, Abstreiten.

Im Vertuschen war Papst Benedikt für den Kölner Kardinal Woelki ein gutes Vorbild. Denn in der Zeit Joseph Ratzingers als Erzbischof von München und Freising wurden Missbrauchsfälle bekannt, die dieser auch nicht verfolgen ließ.

Dieses Verhalten konnte die katholische Kirche mit ihrer jahrhundertelangen Erfahrung auch in diesem Jahrtausend weiterführen. Wie lange noch?

Auswahlbibliografie

Aschoff, Diethard: Die Juden in Antike und Mittelalter, in: Michael Zimmermann (Hg.): Geschichte der Juden in Rheinland und Westfalen, Köln u. a. 1998

Becker, Jürgen: Biotop für Bekloppte, Köln 1992

Becker, Hans-Michael, Köln, Köln 1992

Biermann, Friedhelm: Drei Könige, elftausen Jungfrauen und noch etwas mehr, Köln 2001

Bilz, Fritz / Klein, Beatrix / Ehlert, Klaus: »Im Prinzip sind wir uns doch einig.«, Düsseldorf 1996

Bilz, Fritz: Zwischen Kapelle und Fabrik, Köln 2008

Bilz, Fritz: Otto Unger. Von Nazis verfolgt, im Versteck überlebt, Demokratie gelehrt, Köln 2020

Böll, Viktor (Hg.): Böll und Köln, Köln 1994

Breuers, Dieter: Die Kölner und ihr Dom, Bergisch Gladbach 1998

Brinkmann, Ulrike / Lauer, Rolf: Judendarstellungen im Kölner Dom, in: Domblatt 2008, Köln 2008

Buchheim, Karl: Die Christlichen Parteien in Deutschland, München 1953

bundeswehr-wegtreten (Hg.): Wir. Machen. Krieg. Kölner Militäratlas, Köln 2010

Corvin, Otto von: Pfaffenspiegel, Reprint, Flensburg 1979

Czermak, Gerhard: Christen gegen Juden. Geschichte einer Verfolgung, Reinbek bei Hamburg 1997

Deschner, Karlheinz: Mit Gott und dem Führer, Köln 1988

Dietmar, Carl: Chronik der Stadt Köln, 3. Aufl. 1997

Dietmar, Carl: Das mittelalterliche Köln, Köln 2004

Dietmar, Carl: Kölner Mythen – oder wie Legenden entstehen, Köln 1999

Dietmar, Darl / Jung, Werner: Kleine illustrierte Geschichte der Stadt Köln, 10. Aufl., Köln 2009

Dinzelbacher, Peter: Himmel, Hölle, Heilige. Visionen und Kunst im Mittelalter, Essen 2006

Dreßling, Harald u. a.: Sexueller Missbrauch durch katholische Kleriker, 2019Förster, Otto: Der Dom zu Köln, Köln 1948

Franken, Irene / Hoerner, Ina: Hexen. Verfolgung in Köln, Köln 2000

Fritz, Thomas / Schmeckenberger, Erich (Hg.): Es wollt ein Bauer früh aufstehn, 222 Volkslieder, 3. Aufl., Dortmund 1979

Frohn, Robert: Köln 1945-1981, Köln 1982

Fuchs, Peter: Chronik von Köln, I, 2. Aufl., Köln 1992

Fuchs, Peter: Chronik von Köln, II, 2. Aufl., Köln 1993

Fuhrmann, Uwe: Die Entstehung der »Sozialen Marktwirtschaft« 1948/49, Konstanz 2017

Gechter, Marianne: Kirche und Klerus in der stadtkölnischen Wirtschaft im Spätmittelalter, Wiesbaden 1983

Gernert, Dörte: Lokal- und Regionalgeschichte als Aufgabe von Geschichtswissenschaft und historisch-politischer Bildung, Diss. masch. schr., Köln 1983

Groß, Alexander: Gehorsame Kirche – ungehorsame Christen im Nationalsozialismus, 3. Aufl., Kevelaer 2004

Groten, Manfred: Köln im 13. Jahrhundert. Gesellschaftlicher Wandel und Verfassungsentwicklung, Köln 1995

Günther, Ralf, Die Geheimnisse des Kölner Doms, Köln 1998

Hecht, Kay: Protestaktionen gegen Aufrüstung und die Militarisierung der Gesellschaft anlässlich des Soldatengottesdienstes von Kardinal Meisner im Kölner Dom am 22.1.1998, Köln 1999

Hehl, Ulrich von: Katholische Kirche und Nationalsozialismus im Erzbistum Köln 1933-1945, Mainz 1977

Heinrich-Böll-Stiftung (Hg.): Die Kölner Klagemauer für Frieden und Völkerverständigung, Unkel 1997

Herborn, Wolfgang: Die politische Führungsschicht der Stadt Köln im Spätmittelalter, Bonn 1977

Herborn, Wolfgang / Militzer, Klaus: Der Kölner Weinhandel, Siegmaringen 1980

Horn, Heinz Günter (Hg.), Die Römer in Nordrhein-Westfalen, Stuttgart 1987

Hoven, Herbert: Kirche, Karneval und Klüngel. Kölner Inszenierungen, Wien 2002

Klersch, Josef: Die Verfassung und Verwaltung der Stadt Köln, in: Stadt Köln (Hg.): Jung-Köln, Sonderheft zum 1900-jährigen Stadtjubiläum, Köln 1950

Kaltwasser, Ute, Der Kölner Dom, Köln 1980

Kölnische Bibliotheksgesellschaft (Hg.): Das Dombaufest 1842, Nachdruck des Gedenkbuchs von 1842, Köln 2009

Läufer, Erich: Magier, Weise, Sterndeuter oder Könige?, in: Kölner Domblatt 2014, Köln 2014

Lauer, Rolf / Wacker, Bernd: Der Kölner Dom und die Juden, Köln 2018

Linn, Heinrich: Juden an Rhein und Sieg, Siegburg 1983

Marquardt, Marten: Judenfeindschaft in der christlichen Kunst am Beispiel der Kölner Judensau, Köln 2004

Marquardt, Marten: Judenfeindschaft in der christlichen Kunst am Beispiel der Kölner Judensau, in: http://jcrelations.net/Judenfeindschaft

Militzer, Klaus: Ursachen und Folgen der innerstädtischen Auseinandersetzungen in Köln in der zweiten Hälfte des 14. Jahrhunderts, Köln 1980

Mostar, Herrmann: In diesem Sinn, München 1966

Olenhusen, Irmtrud Götz von: Klerus und abweichendes Verhalten, Göttingen 1994)

Ristow, Günter: Zur Frühgeschichte rheinischer Juden, in: Konrad

Schilling (Hg.): Monumenta Judaica. 2000 Jahre Geschichte und Kultur der Juden am Rhein, 3. Aufl., Köln 1964

Roth, Ernst: Die Geschichte der jüdischen Gemeinden am Rhein im Mittelalter, in: Stadt Köln (Hg.): Monumenta Judaica, 3. Aufl., Köln 1964

Rossmann, Andreas: Das kann nur Köln sein, Köln 2020

Schauen, Ulli: Das Kirchenhasser-Brevier, München 2010

Schimmang, Jochen (Hg.): Köln, Blicke. Ein Lesebuch, Köln 1998

Signon, Helmut: Die Römer in Köln, Frankfurt/M. 1970

Stankowski, Martin: Köln – der andere Stadtführer, Bd. 2, Köln 1989

Stelzmann, Arnold: Illustrierte Geschichte der Stadt Köln, Köln 1958

Steuer, Heiko: Die Franken in Köln, Köln 1980

Strom, Christoph: Die Kirchen im Dritten Reich, München 2011

Ternes, Charles-Marie: Die Römer an Rhein und Mosel, Stuttgart 1975

Wacker, Bernd: Die Dombaubewegung des 19. Jahrhunderts und »die Juden«, in: Kölner Domblatt, Köln 2008, S. 113-164

Wehler, Hans-Ulrich: Deutsche Gesellschaftsgeschichte, 2. Band, 1815 bis 1845/49, München 1987

Wehler, Hans-Ulrich: Deutsche Gesellschaftsgeschichte, 3. Band, 1849-1914, München 1995

Werner, Robert: Die Causa Georg Zimmermann, Regensburg 2013

Wietzorek, Paul: Das historische Köln, 2. Aufl., Petersberg 2011

Wolff, Gerta: Das Römisch-Germanische Köln, 5. Aufl., Köln 2000

Zentral-Dombau-Verein (Hg.): Kölner Domblatt 2008, Köln 2008, div. Aufsätze

Zerlett, Rolf: Köln von den Römern bis heute. Historische Daten, Köln 1990

Zimmermann, Michael (Hg.): Geschichte der Juden im Rheinland und in Westfalen, Köln u. a. 1998

Bitte beachten Sie auch die nachfolgenden Seiten.